lonely planet

# CINQUE TERRE
## ET GÊNES
### EN QUELQUES JOURS

W0293149

REGIS ST LOUIS

# Sommaire

## Préparer son séjour 4



Riomaggiore (p. 124)
SKANDARAMANA/SHUTTERSTOCK ©

## Explorer les Cinque Terre et Gênes 28



## Carnet pratique 148



## Coups de projecteur

# Bienvenue aux Cinque Terre et à Gênes

Les Cinque Terre ? Cinq gemmes enchâssées dans la côte ligure à l'est de Gênes ! Cinq villages rivalisant de charme et où se pressent les visiteurs du monde entier ! Cinq étapes de rêve pour un voyage bucolique et paisible en train, ou pour une randonnée sportive le long d'une portion de côte spectaculaire. Au-delà, de Gênes à La Spezia, la partie orientale de la Riviera italienne est une région d'une grande richesse historique, mais surtout une destination où il fait bon vivre.

Manarola (p. 112)
JULIA LAV/SHUTTERSTOCK

# Les incontournables

## Musei di Strada Nuova

Un musée rassemblant trois palais grandioses de Gênes. **p. 32**

TRABANTOS/SHUTTERSTOCK ©

STOCKPHOTOVIDEO/SHUTTERSTOCK ©

## Palazzo Reale

Le plus somptueux des palais génois. **p. 36**

ANTON_IVANOV/SHUTTERSTOCK ©

## Portofino

Une ville emblématique de la Riviera. **p. 52**

ATLANTIDE PHOTOTRAVEL/GETTY IMAGES ©

## Abbazia di San Fruttuoso

Une abbaye médiévale nichée dans des paysages côtiers à couper le souffle. **p. 54**

## Convento dei Cappuccini

Une église dominant Monterosso, qui abrite des œuvres d'art. **p. 70**

## Port de Vernazza

Le front de mer le plus photogénique des Cinque Terre. **p. 86**

À GAUCHE : TRABANTOS/SHUTTERSTOCK © ; CI-CONTRE : WEKWEK/GETTY IMAGES ©

À GAUCHE : KARAMYSH/SHUTTERSTOCK © ; CI-CONTRE : STEFANO EMBER/SHUTTERSTOCK ©

## Sentiero Azzurro – de Monterosso à Vernazza

Un superbe itinéraire côtier. **p. 80**

## Aventures aquatiques

Bateau, kayak, îles et plages. **p. 96**

## Sentiero Azzurro – de Vernazza à Corniglia

Une randonnée au cœur de beaux paysages. **p. 100**

## Porto Venere

Un village de bord de mer qui envoûta des poètes. **p. 138**

## Sentiero Rosso – Alta Via delle Cinque Terre

Sur les hauteurs des Cinque Terre. **p. 132**

## Tellaro

Une charmante échappée loin de la foule. **p. 142**

CI-CONTRE : JULIAN ELLIOTT PHOTOGRAPHY/GETTY IMAGES © ; À DROITE : GARGOLAS/GETTY IMAGES ©
CI-CONTRE : POOGIE/SHUTTERSTOCK © ; À DROITE : POLUDZIBER/SHUTTERSTOCK ©

# Se restaurer

*Fait surprenant vu son peu de terres cultivables, la Riviera ligure est réputée pour sa cuisine : anchois, citrons parfumés, focaccias à l'huile d'olive, sans oublier l'incontournable pesto. Les cultures se développent sur d'ingénieuses terrasses aménagées à flanc de falaises, tandis que la mer est exploitée depuis des villages de pêcheurs quasi inaccessibles.*

## Cuisine de rue

La focaccia se décline en de nombreuses versions. La classique, ou focaccia génoise, est un pain plat cuit au four garni de sel et d'huile d'olive, tandis que la *focaccia col formaggio* est préparée à partir d'un fromage doux et crémeux. La *sardenara* s'apparente à une pizza garnie de tomates, oignons, câpres et sardines. Parmi les en-cas servis dans la rue, on trouve aussi la friture (poissons, calamars, poulpes, pommes de terre) servie dans des cônes en papier, les sandwichs au jambon, fromage ou poisson, les glaces et les *granite* (glace pilée aux fruits).

## Pique-nique

Certes, les épiceries des Cinque Terre sont petites, mais en ouvrant l'œil on peut confectionner un pique-nique mémorable. Commencez par le comptoir des antipasti, qui regroupe fromages, charcuteries, olives et salades de fruits de mer marinés, entre autres. Ajoutez des fruits frais, du pain et du vin, et il ne vous reste plus qu'à trouver un coin tranquille dans les collines ou au bord de l'eau.

## Cuisine ligure

**Trattoria dal Billy** L'une des meilleures adresses des Cinque Terre. (photo ; p. 119)

**Da Eraldo** Restaurant de caractère, idéal pour les familles, dans une ruelle de Monterosso. (p. 76)

**Osteria di Vico Palla** Ce restaurant caché près du port de Gênes sert une cuisine maison simple mais appétissante. (p. 47)

**Trattoria Rosmarino** Trattoria animée et très populaire située dans l'une des ruelles (*caruggi*) de Gênes. (p. 46)

DANITA DELIMONT/ALAMY STOCK PHOTO ©

## Produits de la mer

**Da Aristide** Restaurant de fruits de mer de Manarola à la fois chic et détendu. (p. 119)

**Trattoria da Oscar** Minuscule établissement de Monterosso proposant une courte carte de plats succulents. (p. 76)

**Gianni Franzi** Délicieux fruits de mer sur le joli port de Vernazza dans ce restaurant bien établi. (p. 92)

**Belforte** Cuisine haut de gamme servie dans une tour médiévale, à Vernazza. (p. 91)

## Sur le pouce

**Il Massimo della Focaccia** Idéal pour grignoter une focaccia en flânant au bord de l'eau, à Monterosso. (p. 75)

**Il Pescato Cucinato** Cônes de fruits de mer frits à savourer face à la mer de Riomaggiore. (p. 130)

**Alberto Gelateria** Glaces de Corniglia préparées à partir d'ingrédients du jardin. (p. 109)

**La Pia Centenaria** Établissement de La Spezia célèbre pour sa délicieuse *farinata* (pain à la farine de pois chiches) depuis plus de 130 ans. (p. 147)

## Pesto genovese

Impossible d'aller à Gênes sans goûter le *pesto genovese*. La célèbre sauce, servie avec des pâtes et composée de basilic, de pignons, d'huile d'olive et parfois d'ail pilés, est meilleure à Gênes que n'importe où ailleurs. Les raisons ? Des techniques de préparation transmises de génération en génération, et le basilic utilisé – des feuilles de très jeunes plants cueillies chaque jour dans des serres sur les collines entourant la ville.

# Prendre un verre et faire la fête

*Bars à vins gastronomiques, terrasses avec vue sur la mer et petits bars à cocktails parsèment la côte. Si la vie nocturne est peu dynamique dans les Cinque Terre, Gênes rassemble un large panel de brasseries-pubs et de clubs animés. On trouve aussi des bars à vins et des cafés en plein air dans le centre historique de La Spezia.*

OMERSUKRUGOKSU/GETTY IMAGES ©

## Apéritif

L'*aperitivo* est une habitude bien ancrée. Aux alentours de 17h, sur les places des villages et dans les rues piétonnes de Gênes et La Spezia, les bars se remplissent d'une foule enjouée qui vient prendre un verre en plein air et profiter du spectacle des passants. La boisson de l'*aperitivo* par excellence est un cocktail rafraîchissant de type Spritz. Des en-cas (olives, frites, mini-paninis, focaccias) sont inclus dans le prix de la boisson.

## Vins des Cinque Terre

Des vignobles en terrasses aménagés sur des coteaux abrupts entourent la plupart des villages des Cinque Terre et s'étendent vers l'arrière-pays. Les vins produits sur ces terrains accidentés ont longtemps été de qualité moyenne, mais ils se sont améliorés ces dernières années grâce au retour dans la région de toute une génération de viticulteurs. Les Cinque Terre sont réputées pour leurs vins blancs ; le bosco, cépage local, est souvent assemblé avec l'albarola et le vermentino.

## Bonne ambiance

**La Cantina dello Zio Bramante** Établissement à l'atmosphère sympathique où se réunissent les habitants de Manarola. Concerts occasionnels. (p. 120)

**Vertical Bar** Pour boire un cocktail à Riomaggiore dans un lieu animé à toute heure de la journée. (p. 131)

**Les Rouges** De bons cocktails servis sous le plafond orné de fresques d'un palais grandiose. (p. 48)

**Malkovich** Bar génois aux breuvages exubérants dont l'accès est réservé aux seuls initiés. (p. 48)

CAROL BARRINGTON/ALAMY STOCK PHOTO ©

**Resilience Cafe** Un classique de La Spezia à la décoration vintage. (p. 147)

## Bars à vins

**Cantine Matteotti** Petit joyau au cœur du quartier historique de Gênes. (p. 47)

**A Piè de Campu** Excellents vins et en-cas servis par un sommelier expérimenté, à Manarola. (p. 120)

**Enoteca Internazionale** Pour découvrir les vins DOC des Cinque Terre dans la grand-rue de Monterosso (p. 78)

**Enoteca da Eliseo** Bar à vins tranquille de Monterosso, à l'agréable terrasse. (photo ci-dessus ; p. 78)

**Enoteca Il Pirun** Adresse charmante établie de longue date à Corniglia, où l'on boit directement à la carafe ! (p. 111)

## Avec vue

**A Pié de Mà** Pour contempler le coucher du soleil en dominant les vagues de Riomaggiore. (p. 131)

**La Scuna** Bar décontracté de Corniglia perché en hauteur, offrant une vue imprenable. (p. 110)

**Nessun Dorma** Bar en plein air avec vue sur Manarola ; venez tôt pour éviter l'attente. (p. 120)

**Bar la Marina** Le lieu idéal pour un *aperitivo* au bord de l'eau, dans le charmant village de Tellaro. (p. 143)

## Meilleurs vins

Le Prima Terra (produit par le viticulteur réputé Walter de Battè), le Vétua (issu de vignes voisines de Vernazza) et le Tobiolo (issu d'un vignoble de Manarola) comptent parmi les valeurs sûres. Le réputé *sciacchetrà*, vin blanc doux recommandé avec les desserts et vendu en bouteilles de 37,5 cl, est produit uniquement dans les Cinque Terre.

# Shopping

*Gênes est la meilleure destination de la côte pour les amateurs de shopping. Dans les villages des Cinque Terre, on trouve surtout des souvenirs qui se ressemblent tous, mais aussi quelques productions artisanales originales – céramiques et bijoux, tableaux d'artistes liguriens – et des spécialités difficiles à trouver en dehors de la région, comme le sciacchetrà (un vin doux).*

## Artisanat

Les artisans locaux vendent leurs articles dans diverses boutiques des Cinque Terre. Vous trouverez des bijoux colorés, comme ceux créés par Bottega d'Arte à partir de pièces anciennes dénichées sur des marchés italiens, ou encore des céramiques au design soigné produites par une entreprise familiale de Monterosso. Les œuvres d'artistes locaux, notamment les tableaux sublimant la beauté de la côte sauvage, constituent de beaux souvenirs.

## Passion du citron

La terre rocheuse des Cinque Terre est propice à la culture de gros citrons juteux. Ils entrent dans la composition du *limoncino*, célèbre liqueur locale. Les élégantes bouteilles, dont certaines sont peintes à la main, en font une bonne idée de cadeau. Le citron est également utilisé pour la fabrication de savons et de mélanges d'épices pour les plats de pâtes, que l'on trouve en abondance dans les boutiques. La glace au citron est l'une des grandes spécialités des *gelaterie* de la région.

## Artisanat

**Fabbrica d'Arte Monterosso** Céramiques travaillées et articles en lin imprimés à la main. (p. 78)

**L'Emporio** Peintures de paysages et de scènes marines sur des fragments d'anciens bateaux de pêche ; choix de t-shirts et autres souvenirs. (p. 121)

**Bottega d'Arte** Paysages et marines côté peinture, et bijoux uniques. (p. 94)

ANDREA IZZOTTI/SHUTTERSTOCK ©

## Vêtements et accessoires

**Lanapo** Belles sandales par une créatrice locale de Monterosso. (p. 79)

**Gocce di Byron** À Vernazza, des parfums inspirés par la côte, les vignes et les forêts de la région. (p. 94)

**Il Talismano** Sacs en cuir fabriqués en Italie et bijoux du monde entier (Afrique du Nord, Asie du Sud...). (p. 95)

**Explora** Des équipements indispensables pour randonner (t-shirts haute performance, chaussures de marche, cartes). (p. 120)

## Alimentation et boissons

**Enoteca Sciacchetrà** Magasin de vins de Vernazza qui vend de bonnes bouteilles DOC des Cinque Terre et des vins doux pour le dessert. (p. 95)

**Enoteca d'uu Scintu** Pesto, *limoncino*, vins, huile d'olive et autres spécialités. (p. 131)

**Mercato Orientale Genova** Marché animé de Gênes aux étals garnis de produits frais ; stands de restauration à proximité. (photo ; p. 46)

## Design

**Temide** Magasin original où l'on trouve des cadeaux uniques. (p. 49)

**Via Garibaldi 12** Boutique appréciée des amateurs de design, installée dans un palais de la plus jolie rue de Gênes. (p. 49)

# Randonnée

CHRISTIAN MUELLER/SHUTTERSTOCK ©

*Quelque 30 sentiers numérotés sillonnent les paysages spectaculaires des Cinque Terre. Ils se prêtent facilement à des marches d'une demi-journée ou d'une journée. Le reste de la région offre aussi de nombreuses possibilités de randonnées, notamment les collines dominant Gênes et le promontoire de Portofino.*

## Sentiero Azzurro

Le Sentiero Azzurro (Sentier bleu ; "SVA" sur les cartes) est un ancien sentier muletier de 12 km qui reliait les cinq villages des Cinque Terre. Étroit et vertigineux, c'est la star des sentiers du coin. Malheureusement, il a été endommagé ces dernières années par des tempêtes et des glissements de terrain, et seuls deux tronçons restent ouverts : de Monterosso à Vernazza et de Vernazza à Corniglia.

## Sanctuaires

Chaque village des Cinque Terre est associé à un sanctuaire perché sur la falaise et dominant la mer. Le trajet jusqu'à ces retraites catholiques était jadis un acte de pénitence ; les randonneurs d'aujourd'hui ont la récompense divine d'une marche à travers un splendide paysage de vignes en terrasses, caché et dévoilé par les falaises au gré des détours du chemin.

## Dans les Cinque Terre

**Alta Via delle Cinque Terre (AV5T)** Sentier légendaire de 38 km qui domine les villages, entre Porto Venere et Levanto, à parcourir en partie ou dans son intégralité. (p. 132)

**Sentiero Azzurro – de Monterosso à Vernazza** L'une des randonnées côtières les plus spectaculaires. (photo page ci-contre ; p. 80)

**Sentiero Azzurro – de Vernazza à Corniglia** D'une petite place au bord de l'eau à un village perché en haut d'une falaise, le long d'une côte spectaculaire. (p. 100)

MATTHIAS SCHOLZ/ALAMY STOCK PHOTO ©

**De Manarola à Corniglia** Sentier grimpant jusqu'à Volastra à travers les vignes en terrasses avant de redescendre jusqu'au plus petit village des Cinque Terre. (p. 122)

**De Levanto à Monterosso** Les ruines d'un monastère médiéval et une vue splendide sur les villages des Cinque Terre depuis Punta Mesco. (p. 66)

**Santuario della Madonna delle Grazie** Une marche d'une heure (aller) jusqu'à l'image vénérée de la Vierge Marie, sur les hauteurs de Vernazza. (p. 109)

**Santuario della Madonna di Soviore** Église imposante et gâteaux maison dans ce sanctuaire au-dessus de Monterosso. (p. 76)

## Hors des Cinque Terre

**Palmaria** Île peu fréquentée propice à la marche et à la baignade, accessible en ferry depuis Porto Venere. (p. 99)

**Portesone** Depuis Tellaro, sentier n°431 menant aux ruines d'un village abandonné lors d'une épidémie de peste. (p. 143)

**Parco Naturale Regionale di Portofino** De Camogli au monastère de San Fruttuoso, situé en bord de mer à la pointe d'une péninsule verdoyante. (p. 53)

## Sites utiles pour la randonnée

**Parco Nazionale Cinque Terre** (www.parconazionale5terre.it). Renseignements actualisés sur les sentiers de randonnée.

**Parco di Portofino** (www.parcoportofino.com). Informations à jour sur les 80 km de sentiers du promontoire de Portofino.

**Lerici Coast** (www.lericicoast.it). Cartes et renseignements sur les itinéraires des environs de Lerici, San Terenzo et Tellaro.

# Avec des enfants

*Les Cinque Terre et la Riviera italienne ne manquent pas d'attraits pour les enfants : plages, balades en bateau, belles randonnées pour les plus grands, sans oublier les focaccias, gelati et autres pizzas ! Ils pourront parcourir les salles du château de Lerici, prendre le téléphérique qui s'élève au-dessus de Rapallo et faire la connaissance de créatures marines méditerranéennes à l'aquarium de Gênes.*

## Plage et baignade

Dans les Cinque Terre, Monterosso possède une longue plage de galets ; les plages de Vernazza et Riomaggiore sont plus petites. Plus loin, vous trouverez des plages enchanteresses à Levanto, Sestri Levante, Lerici et San Terenzo. Mais la présence d'une plage n'est pas indispensable pour s'amuser dans l'eau : par temps calme, les enfants sachant nager peuvent se baigner dans une sorte de bassin directement dans le port de Manarola, à côté de la marina, ou sauter depuis l'embarcadère en contrebas de Corniglia.

## S'amuser à Gênes

Les familles ne s'attardent généralement pas dans cette ville pourtant intéressante pour les enfants. Le front de mer réaménagé accueille l'un des plus grands aquariums d'Europe et un ascenseur panoramique ; c'est aussi le point de départ de sorties en bateau pour observer les dauphins.

### Plages

**San Terenzo** Plage aux eaux (souvent) calmes située juste au nord de Lerici. (photo ; p. 140)

**Punta Chiappa** Joli site en bord de mer accessible depuis Camogli en bateau ou à pied. (p. 59)

**Sestri Levante** Ville pittoresque de la côte possédant de belles plages, que l'on peut aisément rejoindre en train depuis les Cinque Terre. (p. 62)

**Levanto** Belle promenade à pied ou à vélo le long de la plage de cette charmante

POLUDZIBER/SHUTTERSTOCK ©

ville proche des Cinque Terre. (p. 64)

**Monterosso** Agréable bord de mer à deux pas de la gare de Monterosso. (p. 68)

## Jours de pluie

**Palazzo Reale** Ancienne résidence royale abritant une grandiose "galerie des glaces". (p. 36)

**Acquario** L'impressionnant aquarium de Gênes rassemblant des merveilles de vie marine. (p. 42)

**Museo Tecnico Navale della Spezia** Maquettes de bateaux et fascinantes figures de proue au musée naval de La Spezia. (p. 145)

## Aventure

**Porto Antico** Ascenseur panoramique dominant le port de Gênes, bulle de verre abritant un écosystème tropical et bateau de pirates amarré au quai : l'émerveillement est assuré ! (p. 43)

**Centro Visita delle Batterie Silvio Sommazzi** Vestiges de bunkers de la Seconde Guerre mondiale le long des sentiers de randonnée du promontoire de Portofino. (p. 57)

**Ferrovia Genova Casella** Vue spectaculaire sur de vieux forts depuis la ligne ferroviaire à voie étroite reliant Gênes à Casella. (p. 45)

**Sentiero Azzurro – de Monterosso à Vernazza** Randonnée côtière se concluant avec force *gelati* et autres gourmandises à l'arrivée. (p. 80)

**La Lanterna** Une ascension de 172 marches menant au sommet du phare de Gênes, l'un des plus anciens et des plus hauts du monde. (p. 44)

# Circuits organisés

*Les promenades guidées permettent d'en apprendre davantage sur la culture, la cuisine et l'histoire de cette passionnante région. Si vous êtes friand d'aventures, optez pour une excursion en kayak, une séance d'escalade, une sortie en bateau ou une session de plongée au large de la Riviera.*

YULIA GRIGORYEVA/SHUTTERSTOCK ©

**Arbaspàa** Agence basée à Manarola offrant un large choix d'activités – dégustations dans un vignoble, sorties en bateau ou en kayak, promenades photographiques, randonnées. (p. 97)

**Crazy Boat Cinque Terre** Pour une sortie en bateau personnalisée : baignade au large de la plage de Guvano, visite d'une cascade près de Monterosso ou croisière au crépuscule. (p. 97)

**La Tribù Diving Academy** (☎338 5280 545, 328 6632 906 ; www.latribudivingacademy.it ; Via Meneghetti, 24, San Terenzo Lerici ; excursion plongée/snorkeling 60/20 € par pers ; ⏲10h-16h avr-oct). Agence située en contrebas du château de Lerici, organisant des sorties plongée et snorkeling dans le Golfo dei Poeti et aux Cinque Terre.

**Whale Watch Liguria** (☎010 26 57 12 ; www.whalewatchliguria.it ; Ponte dei Mille, Piano Calata, Gênes ; adulte/enfant 35/20 € ; ⏲13h mar et 14h sam mai-déb oct). Au départ de Gênes au printemps et en été, sorties de cinq heures offrant une vision fascinante des plus gros mammifères du monde.

**Zenaverde Bike Tours** (☎010 455 03 78 ; zenaverde.com ; circuits 1/3 heures à partir de 50/75 € par pers). Visite du centre historique de Gênes, circuit dans les collines ou exploration des villages de la côte à vélo électrique.

**Centro Visito Batterie Silvio Sommazzi** Visites d'une heure du site militaire (photo) perché sur les collines près de Camogli, et circuits plus longs dans d'autres parties du promontoire de Portofino. (p. 57)

# Cours d'œnologie et de cuisine

*Les dégustations de vins ne manquent pas dans les Cinque Terre. Les vignobles en terrasses se visitent dans le cadre de circuits guidés au départ de certains villages. Et si vous rêvez d'apprendre à faire le pesto (don inestimable de la Riviera à la gastronomie italienne) ou à fabriquer des pâtes, c'est le moment de vous lancer !*

LOOK/ALAMY STOCK PHOTO ©

**A Piè de Campu**
Dégustations de vins à Manarola, encadrées par un sommelier expert. Cours de fabrication de pesto ou de pâtes, et visites des vignobles avec dégustation, sur réservation (à partir de 50 €). (p. 120)

**Cantina Nessun Dorma**
(☎ 349 3989957 ; www.nessundormacinqueterre.com ; Piazza Papa Innocenzo IV, Manarola ; ⏰ 14h-20h mar-lun mars-juin et sept-oct, 14h-22h mar-lun juil-août, fermé nov-fév). La meilleure adresse de Manarola pour apprendre à connaître (et goûter !) les vins des Cinque Terre. Vente de bouteilles et de vins au verre dans la toute petite boutique, dont le personnel, très expérimenté, propose des dégustations.

**Vernazza Winexperience**
(☎ 331 3433801 ; www.cinqueterrewinetasting.com ; Via San Giovanni Battista 37/A, Vernazza ; dégustations de vins à partir de 15 € ; ⏰ 17h-21h avr-oct). Découverte de vins rares et confidentiels issus des collines entourant le village, sous la houlette du sommelier Alessandro Villa dont la famille vit à Vernazza depuis au moins six générations.

**Cantina Cinque Terre**
Dégustations de vins blancs secs et de *sciacchetrà* après la visite du plus grand domaine viticole des Cinque Terre, près de Manarola. (p. 118)

**Buranco** (☎ 0187 817 677 ; www.burancocinqueterre.it ; Via Buranco 72 ; ⏰ midi-18h sur réservation uniquement). Oasis de verdure située près de Monterosso produisant de bons vins blancs des Cinque Terre DOC, de la grappa, du *limoncino* et du *sciacchetrà*, un vin doux servi avec les desserts. Dégustation sur la terrasse couverte avant ou après la balade parmi les vignes.

# Les Cinque Terre et Gênes en 4 jours

ANDREJ PRIVIZER/SHUTTERSTOCK ©

Le premier jour sera consacré au centre historique de Gênes. Contemplez la grandeur des palais du **Musei di Strada Nuova** (p. 32), puis flânez sur le photogénique front de mer.

Après un déjeuner aux parfums de pesto à la **Trattoria da Maria** (p. 47), perdez-vous dans les *caruggi* (ruelles). Arrêtez-vous en chemin pour admirer les trésors de l'art gothique que sont la **Cattedrale di San Lorenzo** (photo ; p. 42) et la **Chiesa del Gesù** (p. 43).

En fin d'après-midi, c'est l'heure de l'*aperitivo* parmi les fresques de **Les Rouges** (p. 48). La **Trattoria Rosmarino** (p. 46) sert des spécialités ligures. Terminez la soirée par un cocktail original au **Malkovich** (p. 48), bar de style speakeasy.

BRZOZOWSKA/GETTY IMAGES ©

Prenez un train tôt le matin pour le joli village côtier de **Camogli** (p. 57). Un beau sentier boisé rejoint en longeant les falaises l'**Abbazia di San Fruttuoso** (p. 54), abbaye médiévale perchée près de la côte.

Après avoir pique-niqué et paressé sur la plage, rejoignez **Portofino** (photo ; p. 52) en bateau pour une balade jusqu'au phare, du lèche-vitrines dans les élégantes ruelles et un verre sur le port. Prenez un autre bateau pour Santa Margherita, puis un train pour rentrer à Camogli.

Le soir, festin de fruits de mer au **Da Paolo** (p. 58) et flânerie vespérale sur le charmant front de mer de Camogli. **La Mancina** (p. 59) se prête bien à un dernier verre.

## Jour 3

BILDAGENTUR-ONLINE/WIDMAN N/ALAMY STOCK PHOTO ©

Gagnez Monterosso en train. Parcourez les vieilles ruelles, installez-vous à la terrasse d'un café et faites provision d'en-cas, avant de marcher jusqu'à Vernazza par le superbe **Sentiero Azzurro** (p. 80).

Après un déjeuner chez **Gianni Franzi** (p. 92), sur le port de Vernazza, et un passage par les boutiques de souvenirs de la Via Roma, continuez sur le **Sentiero Azzurro** (p. 100) jusqu'à Corniglia – ou prenez le train.

Dégustez une glace à l'**Alberto Gelateria** (p. 109) et profitez de la vue sur la mer depuis le **Belvedere di Santa Maria** (p. 111), à flanc de falaise. Rentrez à Monterosso en train pour prendre un verre au **Torre Aurora** (photo ; p. 75) et dîner au **Da Eraldo** (p. 76).

## Jour 4

BILDAGENTUR-ONLINE/WIDMAN N/ALAMY STOCK PHOTO ©

Cap sur Riomaggiore. Les hauteurs offrent de splendides points de vue sur la côte. Sur la charmante **plage de Fossola** (p. 129), régalez-vous de spécialités ligures achetées aux stands de rue.

Admirez la mer depuis la terrasse de **A Pié de Mà** (p. 131), puis prenez le train jusqu'à Manarola, l'arrêt suivant.

Montez jusqu'à **Punta Bonfiglio** (p. 117), magnifique point de vue sur le village, avant un verre au **Nessun Dorma** (photo ; p. 120). Terminez votre immersion dans les Cinque Terre par un repas inoubliable à la **Trattoria dal Billy** (p. 119). Si vous voulez poursuivre la soirée, joignez-vous aux festivités de **La Cantina dello Zio Bramante** (p. 120).

# Les basiques

Pour plus d'informations, voir le Carnet pratique (p. 148).

**Monnaie**
Euro (€)

**Langue**
Italien

**Formalités**
Carte d'identité ou passeport valide pour les ressortissants de l'UE et les Suisses. Passeport en cours de validité pour les Canadiens.

**Argent**
Nombreux DAB. Cartes bancaires acceptées presque partout, sauf dans de rares petits hôtels, magasins ou restaurants.

**Téléphone portable**
Les voyageurs européens peuvent utiliser leur forfait en Italie, sans surcoût. Les autres se renseigneront sur les frais d'itinérance.

**Heure locale**
Heure d'Europe centrale (GMT/UTC + 1 heure).

**Pourboire**
Le pourboire est peu courant en Italie. Service généralement inclus dans la note.

## Budget quotidien

### Moins de 110 €

Lit en dortoir : 23-30 €

Chambre double dans un hôtel économique : 60-100 €

Part de focaccia : 2,50 €

Menu déjeuner : 10-12 €

Billet de train dans les Cinque Terre : 4 €

### De 110 € à 200 €

Chambre double dans un hôtel : 170-200 €

Repas dans une trattoria : 20-40 €

Entrée dans les musées de Gênes : 8 €

Ferry de Camogli à Portofino : 11 €

Bouteille de *limoncino* : 12 €

### Plus de 200 €

Chambre dans un boutique-hôtel : 190-450 €

Repas de fruits de mer : 45-60 €

Excursion de deux heures à bord d'un bateau privé : 200 €

Cocktail : 9 €

## À prévoir

**Trois mois avant** Réservez votre hébergement, surtout pendant la haute saison (juin-déb sept). Assurez-vous de la validité de votre passeport.

**Une semaine avant** Réservez les restaurants haut de gamme, ainsi que les visites guidées de vignobles et autres excursions de plein air auprès d'agences comme Arbaspàa (p. 97).

**Quelques jours avant** Consultez la météo et préparez-vous en conséquence. Installez sur votre téléphone des applications comme Google Translate ou Trenitalia (réseau ferroviaire italien).

## Arriver aux Cinque Terre et à Gênes

### Aéroport Cristoforo-Colombo

Depuis l'aéroport Cristoforo-Colombo, les navettes **Volabus** (848 000030 ; www.amt.genova.it ; aller 6 €) desservent les deux gares principales de Gênes (Piazza Principe et Brignole) au moins une fois par heure entre 5h et 0h20. Le trajet en taxi jusqu'au centre coûte entre 20 et 30 €.

### Terminal des ferries du Porto Antico

Les bateaux **Golfo Paradiso SNC** (392 1375558 ; www.golfoparadiso.it) desservent Camogli (aller/aller-retour 10/17 €), Portofino (15/24 €) et les Cinque Terre (21/38 €).

### Gares ferroviaires

Des trains fréquents relient les gares génoises Stazione Piazza Principe et Stazione Brignole à Milan, Pise, Rome et Turin.

## Comment circuler

### Train

De bonnes liaisons ferroviaires existent entre Gênes et La Spezia, avec des arrêts à Camogli, Santa Margherita Ligure, Sestri Levante, Levanto, et dans les villages des Cinque Terre.

### Bus

Les villages ne disposant pas de gare ferroviaire sont reliés par bus aux gares voisines. Depuis La Spezia, des bus rallient ainsi Porto Venere, San Terenzo et Lerici. Des bus circulent entre Santa Margherita Ligure et Portofino. Comptez 30 minutes pour chacun des trajets.

### À pied

Un réseau de sentiers de randonnée relie les villages de la côte ligure.

### Ferry

Des ferries du **Servizio Marittimo del Tigullio** (0185 284670 ; traghettiportofino.it) relient Santa Margherita Ligure aux Cinque Terre, à Porto Venere, Portofino et Rapallo.

Stazione Brignole, Gênes

SAIKO3P/GETTY IMAGES ©

# La région des Cinque Terre et de Gênes

Aéroport Cristoforo-Colombo

## Gênes (p. 30)

L'ancienne puissance maritime compte d'innombrables palais, des places grandioses et un centre historique sillonné de *caruggi* (ruelles) caractéristiques.

## Du promontoire de Portofino à Levanto (p. 50)

Enclaves côtières, plages photogéniques et sentiers de randonnée composent la péninsule boisée à l'est de Gênes.

## Vernazza (p. 84)

Le village le plus photographié de la Riviera abrite un port envoûtant bordé d'édifices pastel. Un sentier inoubliable relie Vernazza à Monterosso et Corniglia.

## Corniglia (p. 104)

Perché sur son promontoire rocheux, ce minuscule village possède un charme indéniable. Quel plaisir de flâner entre les boutiques et restaurants éclectiques de sa rue principale !

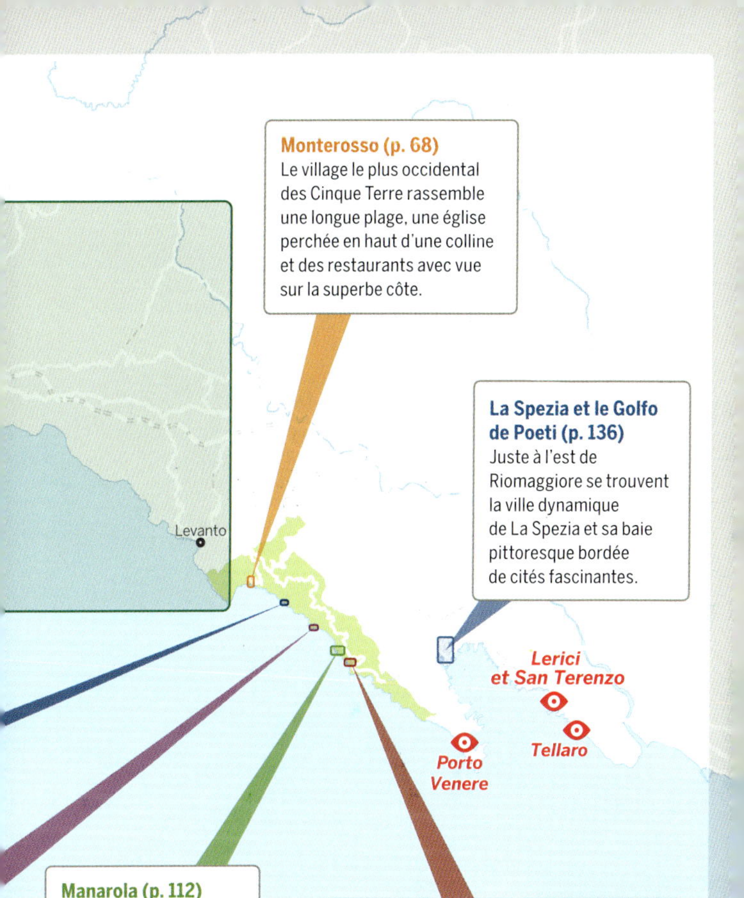


**Monterosso (p. 68)**
Le village le plus occidental des Cinque Terre rassemble une longue plage, une église perchée en haut d'une colline et des restaurants avec vue sur la superbe côte.

**La Spezia et le Golfo de Poeti (p. 136)**
Juste à l'est de Riomaggiore se trouvent la ville dynamique de La Spezia et sa baie pittoresque bordée de cités fascinantes.

**Manarola (p. 112)**
Les sentiers dominant Manarola offrent de magnifiques points de vue sur le village entouré de vignes en terrasses, qui compte de bonnes adresses pour les amateurs de vins et de fruits de mer.

**Riomaggiore (p. 124)**
Le plus gros village des Cinque Terre recèle d'intrigants bâtiments médiévaux. Juste à côté, une plage rocheuse domine les eaux cristallines.

# Explorer Cinque Terre et Gênes



## Promenades à pied et randonnées



Vernazza (p. 84) HOHENSEE PHOTOGRAPHY/SHUTTERSTOCK ©

# Explorer
# Gênes

*Plus grand port d'Italie, Gênes est une ville de contrastes, à la fois grandiose et misérable, sombre et lumineuse. Encore méconnue des touristes qui n'y voient souvent qu'une porte d'accès vers la Riviera ligure, c'est pourtant une ville fabuleuse à explorer, avec son vieux port rénové, ses venelles médiévales, ses palais magnifiques et ses places bourdonnantes d'animation.*

## Notre sélection

- ***Musei di Strada Nuova (p. 32)**. Retrouvez l'âge d'or de Gênes en explorant les trésors de ses palais.*
- ***Vieille Ville (p. 38)**. Arpentez les caruggi (venelles) dans le cœur médiéval intact de la cité.*
- ***Funicolare Zecca-Righi (p. 45)**. Gravissez les vertes collines jusqu'aux anciennes fortifications de la ville.*
- ***Via Garibaldi 2 (p. 49)**. Cette boutique d'exception expose des objets design sous les ors d'un palais.*
- ***Les Rouges (p. 48)**. Sirotez des cocktails inédits sous des plafonds à fresques.*

## Comment y aller et circuler

Vols domestiques et internationaux atterrissent à l'aéroport Cristoforo-Colombo, à 6 km à l'ouest de la ville.

Des ferries relient le Porto Antico de Gênes avec Camogli, Portofino, les Cinque Terre et d'autres ports de la Riviera.

La ligne de métro de la ville comporte huit stations.

Des trains fréquents relient Gênes (Stazione Piazza Principe et Stazione Brignole) à Milan, Pise, Rome et Turin.

**Plan de Gênes p. 40**

Piazza de Ferrari (p. 39) ROMAN SIGAEV/SHUTTERSTOCK ©

Les incontournables

# Musei di Strada Nuova

*À la lisière nord de la cité médiévale, la Via Garibaldi fut tracée au XVI^e siècle par Galeazzo Alessi dans le cadre d'une série de rues neuves (Strade Nuove) destinées à accueillir les demeures des plus illustres familles génoises. Trois des palais de cette rue, les palazzi Rosso, Bianco et Doria-Tursi, forment le pôle muséal des Musei di Strada Nuova, réunissant la plus belle collection d'œuvres de maîtres anciens de la ville.*

PLAN P. 40, E3

Palazzi dei Rolli

www.museidigenova.it

Via Garibaldi n°18, 11 (billetterie) et 9

Tarif plein/réduit 9/7 €

9h-19h mar-ven, 10h-19h30 sam-dim avr-sept, 9h30-18h30 oct-mars

## Palazzo Rosso

Si vous ne deviez en voir qu'un des trois, ne manquez pas le **Palazzo Rosso** (photo page ci-contre), qui a le plus de caractère. Ses salles décorées de fresques et de stucs, ornées d'un précieux mobilier d'époque, servent d'écrin à des œuvres de Van Dyck, de Véronèse, de Dürer, du Génois Bernardo Strozzi et de nombreux autres maîtres. À quoi s'ajoutent d'élégantes cours, un belvédère sur le toit (fermé pour travaux à partir de janvier 2020, pour une durée indéterminée), et le fait qu'il abrite un petit trésor d'architecture intérieure du XXe siècle.

### Fresques

Le deuxième étage est somptueusement décoré de fresques réalisées par les principaux peintres liguriens du XVIIe siècle. Remarquez en particulier l'allégorie des saisons peinte au plafond de quatre pièces successives par Gregorio de Ferrari (printemps et été) et Domenico Piola (automne et hiver), et la *Loggia delle Rovine*, un merveilleux trompe-l'œil qui situe le mythe de Diane et d'Endymion dans les ruines d'une antique demeure.

### Peintures

Le riche et noble Gio Francesco Brignole commanda en 1627 à Van Dyck des portraits en pied des membres de sa famille. Ces œuvres furent par la suite accrochées dans le Palazzo Rosso, devenu la demeure familiale, et rejointes par d'autres chefs-d'œuvre de Van Dyck, dont le *Christ portant sa croix* et le *Portrait d'un jeune homme de la famille Spinola*. Parmi les autres œuvres remarquables figurent le *Saint Sébastien* de Guido Reni et *La Mort de Cléopâtre* du Guerchin, le très vivant *Joueur de flûte* (*Pifferaio*) de Bernardo Strozzi, et le macabre *Judith et Holopherne* de Véronèse.

### Appartement de Franco Albini

Au 3e étage du palais se cache un bijou du milieu du siècle dernier : un appartement

### ★ À savoir

- Allez-y tôt pour éviter la foule. Commencez par le plus beau des trois édifices : le Palazzo Rosso.
- Si vous participez au circuit dans le centre historique proposé par l'office du tourisme de Gênes, vous bénéficiez à la fin de l'entrée gratuite dans les Musei di Strada Nuova.
- Remarquez aussi les autres édifices de cette rue. Les cours de certains sont accessibles au public.

### ✕ Une petite pause ?

Pour une glace, direction la **Gelateria Profumo** (plan p. 40, E3 ; www.villa1827.it ; Vico Superiore del Ferro 14 ; cônes à partir de 2,50 € ; ⌚ midi-19h30 mar-sam), non loin de la Via Garibaldi.

Pour une part de focaccia ou autre en-cas, allez à **Pane e Tulipani** (plan p. 40, E3 ; ☎ 010 817 88 41 ; Via dei Macelli di Soziglia 75 ; en-cas à partir de 2 € ; ⌚ 6h-19h30 lun-sam).

conçu pour le directeur du musée par l'architecte-designer Franco Albini (1905-1977). Ce lieu qui conjugue le mobilier et les lignes épurées modernes caractéristiques d'Albini avec l'exubérance génoise ravira les amateurs de design (la vue sur la ville est également superbe). Grande figure du courant rationaliste, Albini joua aussi un rôle clé dans la restauration des palais de Gênes après-guerre.

## Palazzo Bianco

Le **Palais blanc** abrite une importante pinacothèque où figurent des œuvres de maîtres flamands, italiens, français et espagnols. *Vénus et Mars* de Rubens, et *Vertumne et Pomone* de Van Dyck – peint durant sa période génoise – dominent la salle 18. D'autres œuvres maîtresses témoignent du génie de Hans Memling (*Christ bénissant*), Filippino Lippi ou Murillo. À noter aussi une collection d'icônes du XV$^{e}$ siècle.

### Cours

Le palais comporte plusieurs élégantes cours réparties sur différents niveaux. La première, accessible depuis le 1$^{er}$ étage du musée, conserve son aspect du XVIII$^{e}$ siècle avec ses allées pavées de mosaïques de galets, ses fontaines et ses jardins ornementaux. La deuxième cour – accessible par le chemin menant au Palazzo Doria-Tursi – renferme les vestiges d'une église gothique autrefois impressionnante. De là, on peut continuer jusque dans les galeries du Palazzo Doria-Tursi (inutile de ressortir par la rue).

Palazzo Bianco

### Collections de textiles

Au niveau de la mezzanine, les collections de textiles du Palazzo Bianco recèlent des trésors de vêtements pour hommes et pour femmes datant de plusieurs siècles et provenant du monde entier : châles du Cachemire, robes de l'Empire ottoman du XIXe siècle, dentelles françaises d'Argentan du XVIIIe siècle, soies finement brodées et costumes de gala de l'époque napoléonienne.

## Palazzo Doria-Tursi

Arborant une grandiose façade en marbre, grès et ardoise, le **Palazzo Doria-Tursi** fut construit à la fin du XVIe siècle pour Nicolò Grimaldi, très lié avec la royauté. Il est ensuite passé à Giovanni Andrea Doria, prince de Melfi, qui a agrémenté l'édifice de jardins suspendus et de galeries latérales. Il a également rassemblé une collection de tapisseries et d'œuvres d'art d'Angleterre et des Flandres. Au XIXe siècle, alors propriété de Victor-Emmanuel Ier de Savoie, le palais subit de nouvelles transformations – dont l'ajout de la tour de l'horloge. Dans la seconde moitié du XIXe siècle, les salles furent décorées de fresques.

### Sala degli Arazzi

L'impressionnante collection de tapisseries présentée dans cette salle fut réunie en partie grâce aux liens économiques étroits entretenus par Gênes avec les Flandres depuis le XIVe siècle. Parmi les plus prestigieuses figurent plusieurs tapisseries flamandes illustrant des épisodes de la vie d'Alexandre le Grand.

### Sala Paganini

Dans cette salle, un vibrant hommage est rendu au légendaire violoniste et compositeur Niccolò Paganini (1782-1840), originaire de Gênes. On y admire le fameux violon, "*Il Cannone*", fabriqué en 1743 par Guarneri del Gesù, luthier de Crémone, pour le virtuose qui en fit don à sa ville natale. Lors du festival Paganini, en octobre, un musicien a la chance de pouvoir jouer sur cet instrument. Des lettres et des partitions du violoniste, ainsi que son jeu d'échecs de voyage sont également présentés (on pénètre dans la partie musée *via* le Palazzo Bianco).

### Hôtel de ville

Outre sa partie muséale (qui expose aussi des céramiques et des monnaies), le palais abrite l'hôtel de ville de Gênes depuis 1848. On peut, sans payer de droits d'entrée, se promener dans sa cour et admirer ses monumentaux escaliers (il suffit de pénétrer par l'entrée principale du palais au n°9).

Les incontournables

# Palazzo Reale

*Jardins en terrasses, mobilier précieux, riche collection d'œuvres d'art et merveilleuse "galerie des glaces" : s'il est une demeure à ne pas manquer parmi les nombreux Palazzi dei Rolli (liste de prestigieux palais privés qui avaient l'obligation d'héberger, tour à tour, les visiteurs d'État), c'est bien celle-ci, construite au XVII^e^ siècle pour la famille Balbi, et qui accueillit au XIX^e^ siècle la maison de Savoie.*

PLAN P. 40, B1

010 271 02 36

www.palazzorealegenova.beniculturali.it

Via Balbi 10

Tarif plein/réduit 6/2 €

9h-18h mar-ven, 13h30-18h30 sam-dim

## Histoire du palais

Construit dans les années 1640 pour la riche famille Balbi, le palais fut racheté en 1679 par la famille Durazzo qui fit redessiner la façade sur la Via Balbi, redécorer nombre des salles et reconstruire le Teatro del Falcone. Au début du XVIIIe siècle, de nouvelles rénovations embellirent encore l'édifice. À la suite d'une crise économique, les Durazzo se virent contraints de vendre leur bien qui fut racheté en 1824 par Victor-Emmanuel Ier de Savoie, roi de Sardaigne. Devenu résidence officielle de la maison de Savoie, le palais subit de nouvelles transformations et fut, en particulier, doté d'une salle du Trône, d'une salle des Audiences et d'une salle de Bal. Il resta résidence royale jusqu'en 1919, date à laquelle le roi Victor-Emmanuel III le céda à l'État italien.

## Visite

La grandeur de cette noble résidence s'impose dès l'ascension des escaliers, puis à travers une succession de salles somptueusement décorées de fresques et de stucs, de tapisseries flamandes, de marbres antiques et de tableaux. L'un des clous de la visite, la galerie des glaces, inspirée de celle de Versailles, fut conçue par Domenico Parodi dans les années 1720-1730. Elle est ornée de ravissantes statues de figures de la mythologie romaine, tel cet *Adonis* de Filippo Parodi, le plus grand sculpteur génois du XVIIe siècle. Plus loin, la chambre à coucher du roi conserve de remarquables fresques de Tommaso Aldrovandini et le grand trésor du palais : le *Christ en croix* par Van Dyck.

### ★ À savoir

- Si vous voulez visiter les appartements royaux, sachez que le 1er étage n'est ouvert que le samedi matin (9h-13h30) et lors des expositions spéciales.
- Si vous projetez de visiter les Musei di Strada Nuova et d'autres sites de la ville, songez à la **Card Musei** (www.visitgenoa.it/fr/card ; 24/48 heures 12/20 €) qui donne accès à plus de 20 musées et palais.

### ✕ Une petite pause ?

**La Focacceria di Teobaldo** (Via Balbi 115 ; focaccia à partir de 2,50 € ; ⌚8h-19h lun-sam), située un peu plus haut que le musée dans la Via Balbi, sert de savoureuses tranches de foccacia.

La réputée Pizzeria Savô (p. 47) se niche dans une ruelle, à environ 8 minutes à pied au sud-est du musée.

## Promenade à pied

# Gênes historique

*Cette promenade part du port et s'enfonce dans les carrugi (venelles) de la ville médiévale à la découverte d'un édifice couvert de fresques, de la cathédrale gothique et de l'imposante porte d'entrée de la cité. Puis elle vous entraîne dans les fastes de l'âge d'or le long de la Via Garibaldi, bordée de palais Renaissance et baroques, avant de gravir une colline offrant un superbe panorama.*

### La promenade

**Départ** Palazzo San Giorgio ; Ⓜ San Giorgio

**Arrivée** Spianata Castelletto ; Ⓜ Darsena

**Longueur** 3 km

**Durée** 2 heures

## ❶ Palazzo San Giorgio

Face au port, le Palazzo San Giorgio fut érigé en 1260 en tant que siège du pouvoir civil. Il abrita aussi la première banque génoise fondée en 1407. Sa façade Renaissance est ornée de fresques représentant des héros de la ville, dont Christophe Colomb (deuxième à droite).

## ❷ Cattedrale di San Lorenzo

Contournez le palais pour vous enfoncer dans les venelles et remonter vers la Cattedrale di San Lorenzo (p. 42). Construite vers 1100 et agrandie au fil des siècles, cette splendide cathédrale rayée de noir et blanc était le cœur de la Gênes médiévale.

## ❸ Palazzo Ducale

Suivez les sombres ruelles autour de l'église pour rejoindre le **Palazzo Ducale** (www.palazzoducale.genova.it ; Piazza Giacomo Matteotti 9 ; tarif selon les expositions ; ⏲horaires variables). Ce palais, construit à partir de 1298, devint la résidence du doge en 1339 et le symbole de la puissance de Gênes. Entrez jeter un œil sur sa cour intérieure.

## ❹ Piazza de Ferrari

Ressortez de l'autre côté du palais sur la Piazza de Ferrari, une place monumentale aménagée aux XIXe-XXe siècles, et agrémentée d'une fontaine circulaire. Remarquez le Palazzo della Borsa (ancienne Bourse), bel exemple du style Liberty génois (encadré p. 46).

## ❺ Porta Soprana

Sortez de la place côté sud et tournez à gauche au bout de la rue. Devant vous se dresse la Porta Soprana, imposante porte d'entrée de la ville érigée au XIIe siècle quand la cité était entourée de remparts.

## ❻ Casa di Colombo

Passé la porte, empruntez la ruelle qui longe les vestiges d'un cloître roman. Un peu plus loin, la **Casa di Colombo** (www.coopculture.it ; Piazza Dante ; adulte/enfant 5/3 € ; ⏲11h-17h mar-dim) est une restitution datant du XVIIIe siècle de la maison où aurait vécu le célèbre navigateur génois, Christophe Colomb.

## ❼ Via Garibaldi

Revenez Piazza de Ferrari, puis suivez le dédale de *caruggi* jusqu'à la Via Garibaldi, la plus fastueuse rue de Gênes, bordée de grandioses palais dont certains remontent au XVIe siècle. Jetez un œil au n°9, le Palazzo Doria-Tursi (p. 35), qui abrite aujourd'hui l'hôtel de ville.

## ❽ Spianata Castelletto

Marchez jusqu'à la Piazza del Portello, où vous prendrez un *ascensore* (ascenseur) de style Liberty pour monter au Spianata Castelletto (vous pouvez aussi grimper à pied par la Via Salita San Gerolamu), un magnifique belvédère offrant une vue à 360 degrés sur la ville et le port. Vous comprendrez pourquoi on surnomme Gênes "la Superbe" !

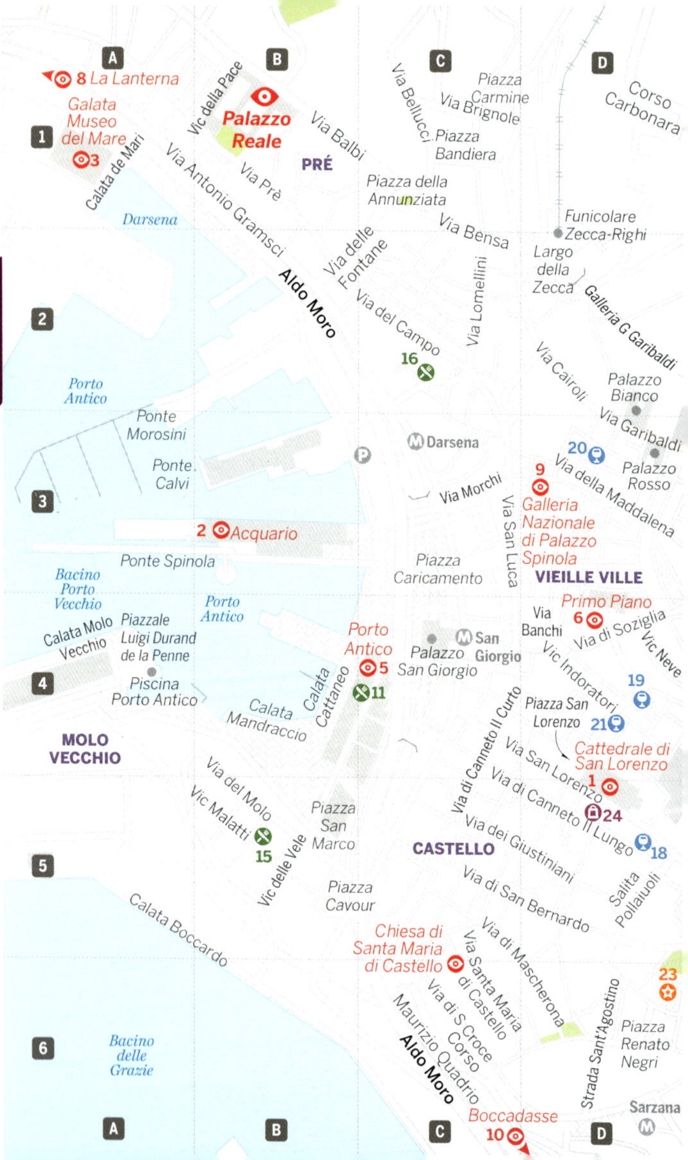
A
B
C
D
1
2
3
4
5
6
8 La Lanterna
Galata Museo del Mare
3
Palazzo Reale
PRÉ
Vic della Pace
Via Balbi
Via Prè
Via Antonio Gramsci
Calata de Mari
Darsena
Via Bellucci
Piazza Carmine
Via Brignole
Piazza Bandiera
Corso Carbonara
Piazza della Annunziata
Via Bensa
Funicolare Zecca-Righi
Largo della Zecca
Via delle Fontane
Aldo Moro
Via del Campo
Via Lomellini
Galleria G Garibaldi
Via Cairoli
Palazzo Bianco
Via Garibaldi
Palazzo Rosso
16
Porto Antico
Ponte Morosini
Ponte Calvi
Darsena
20
9
Galleria Nazionale di Palazzo Spinola
Via della Maddalena
Via Morchi
Via San Luca
2 Acquario
Ponte Spinola
Piazza Caricamento
VIEILLE VILLE
Bacino Porto Vecchio
Porto Antico
Calata Molo Vecchio
Piazzale Luigi Durand de la Penne
Piscina Porto Antico
Porto Antico
5
11
Palazzo San Giorgio
San Giorgio
Via Banchi
Primo Piano
6
Via di Soziglia
Vic Neve
Vic Indoratori
19
Piazza San Lorenzo
21
Cattedrale di San Lorenzo
1
24
Calata Cattaneo
Calata Mandraccio
Via di Canneto Il Curto
Via San Lorenzo
Via di Canneto Il Lungo
18
MOLO VECCHIO
Via del Molo
Vic Malatti
15
Vic delle Vele
Piazza San Marco
CASTELLO
Via dei Giustiniani
Via di San Bernardo
Salita Pollaiuoli
Piazza Cavour
Calata Boccardo
Chiesa di Santa Maria di Castello
Via di Mascherona
Via Santa Maria di Castello
Via di S Croce
Corso
Maurizio Quadrio
Aldo Moro
Strada Sant'Agostino
23
Piazza Renato Negri
Bacino delle Grazie
Boccadasse
10
Sarzana

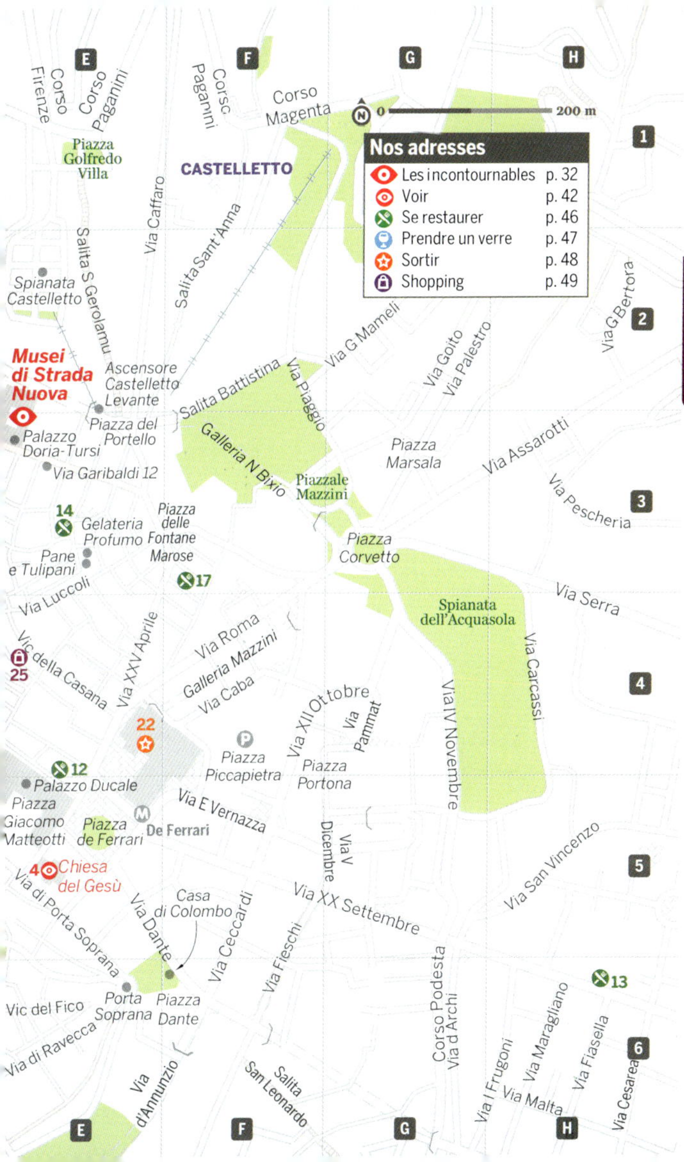
Nos adresses
Les incontournables p. 32
Voir p. 42
Se restaurer p. 46
Prendre un verre p. 47
Sortir p. 48
Shopping p. 49
0 200 m
E
F
G
H
1
2
3
4
5
6
Corso Firenze
Corso Paganini
Corso Paganini
Corso Magenta
Piazza Golfredo Villa
CASTELLETTO
Via Caffaro
Salita Sant'Anna
Salita S Gerolamo
Spianata Castelletto
Musei di Strada Nuova
Ascensore Castelletto Levante
Piazza del Portello
Palazzo Doria-Tursi
Via Garibaldi 12
Salita Battistina
Via Piaggio
Via G Mameli
Via Goito
Via Palestro
Via G Bertora
Galleria N Bixio
Piazzale Mazzini
Piazza Marsala
Via Assarotti
Via Pescheria
14
Gelateria Profumo
Piazza delle Fontane Marose
Pane e Tulipani
17
Piazza Corvetto
Via Serra
Via Luccoli
Spianata dell'Acquasola
Via Roma
Galleria Mazzini
Via Caba
Vic della Casana
25
Via XXV Aprile
Via Carcassi
Via XII Ottobre
Via Pammat
Via IV Novembre
22
Piazza Piccapietra
Piazza Portona
12
Palazzo Ducale
Piazza Giacomo Matteotti
Piazza de Ferrari
De Ferrari
Via E Vernazza
Via V Dicembre
4
Chiesa del Gesù
Via di Porta Soprana
Via Dante
Casa di Colombo
Via Ceccardi
Via XX Settembre
Via San Vincenzo
Via Fieschi
Corso Podesta
Via d Archi
13
Vic del Fico
Porta Soprana
Piazza Dante
Via di Ravecca
Via d'Annunzio
Salita San Leonardo
Via I Frugoni
Via Maragliano
Via Fiasella
Via Malta
Via Cesarea

# Voir

## Cattedrale di San Lorenzo

CATHÉDRALE

1 PLAN P. 40, D5

Si cette superbe cathédrale romano-gothique consacrée en 1118 est toujours debout... c'est parce qu'une bombe (dont la copie est exposée sur la droite de la nef) tirée par la flotte britannique en 1941 n'a heureusement pas explosé. Sa majestueuse façade en marbre noir et blanc, rythmée par trois portails qu'encadrent des colonnes torsadées, fut achevée au début du XIVe siècle. Les deux clochers et la coupole sont un ajout du XVIe siècle. (Piazza San Lorenzo ; 8h-midi et 15h-19h)

## Acquario

AQUARIUM

2 PLAN P. 40, B3

Avec quelque 600 espèces marines représentées, dont des lamantins et des requins, c'est l'un des plus grands aquariums d'Europe. Amarré en bout de quai, le *Grande Nave Blu*, bateau-exposition flottant, abrite des récifs coralliens. Le "pavillon des cétacés" accueille des dauphins dans des bassins à ciel ouvert vitrés sur le côté, et se double d'un centre de réadaptation pour dauphins maltraités.

En haute saison, achetez votre billet en ligne pour éviter les files d'attente. Le billet combiné (tarif plein/réduit/enfant 4-12 ans 44/37/31 €) permet d'accéder à d'autres sites du port, notamment

Chiesa del Gesù

CLAUDIO DIVIZIA/SHUTTERSTOCK ©

au Galata Museo del Mare (ci-dessous), à la Biosfera – une bulle de verre géante réalisée par Renzo Piano en 2008 pour y reconstituer le milieu de la forêt humide – et à l'ascenseur panoramique Bigo. (010 2 34 51 ; www.acquariodigenova.it ; Ponte Spinola ; tarif plein/réduit 32/21 € ; 9h-20h mars-juin et sept-oct, 8h30-21h juil-août, 9h30-20h nov-fév)

## Galata Museo del Mare MUSÉE

3 PLAN P. 40, A1

Comme de juste, le musée de la Mer de Gênes, dont la puissance maritime rivalisa avec celle de Venise, est l'un des plus importants et intéressants de la ville. Des présentations high-tech (italien et anglais) retracent l'histoire de la navigation depuis l'époque où Gênes était le plus grand port d'Europe jusqu'à celle des bateaux à vapeur. (www.galatamuseodelmare.it ; Calata de Mari 1 ; adulte/enfant 13/8 € ; 10h-19h30 mars-oct, 10h-18h mar-ven, 10h-19h30 sam-dim nov-fév)

## Chiesa del Gesù ÉGLISE

4 PLAN P. 40, E5

Joyau du baroque, cette église cachée derrière la Piazza de Ferrari (p. 39) fut construite par les jésuites en 1597. Outre son somptueux décor de fresques, elle renferme deux toiles de Rubens, la *Circoncision*, au-dessus du maître-autel, et le *Miracle de Saint-Ignace*, dans une chapelle. (Piazza Giacomo Matteotti ; 15h30-19h30 lun, 7h-13h et 15h30-19h30 mar-sam, 8h-13h et 16h-22h dim)

### Vieille ville de Gênes

Délimité par les anciennes portes de la ville, la Porta dei Vacca et la Porta Soprana (p. 39), ainsi que par la Via Cairoli, la Via Garibaldi et la Via XXV Aprile, le cœur de la cité médiévale (*centro storico*) est un dédale de *caruggi* (venelles) pentues. À voir le linge qui sèche sur des cordes en travers de ces ruelles sombres, nul doute qu'elles restent encore largement habitées. Et le nombre de bars, de cafés et de boutiques tendance ne cesse d'y croître.

## Porto Antico QUARTIER

5 PLAN P. 40, C4

Le Vieux Port, qui contrôla jadis un petit empire, est devenu un haut lieu de promenade depuis son réaménagement en grande partie conçu par Renzo Piano. Les amateurs de yachts sont comblés, et les enfants adorent l'aquarium (page ci-contre), l'ascenseur panoramique futuriste, la petite **piscine publique** (Piscina Porto Antico ; plan p. 40, A4 ; 345 298 37 44 ; www.piscinaportoantico.it ; Piazzale Penne ; adulte/enfant demi-journée 7/6 €, journée 8,50/7,50 € ; 9h-19h juin-sept) et le majestueux bateau de pirates *Neptune*. (www.portoantico.it ; )

## Primo Piano

ÉGLISE

6 PLAN P. 40, D4

Des œuvres modernes et contemporaines, souvent photographiques, sont exposées par thèmes dans cette galerie située à l'étage d'un palais du XVIe siècle accueillant le bel hôtel design Palazzo Grillo (p. 150). La galerie dispose d'une entrée indépendante, dans une rue adjacente. (www.hotelpalazzogrillo.it ; Vico alla Chiesa delle Vigne 18r ; entrée libre ; 16h-20h mer-dim)

## Chiesa di Santa Maria di Castello

ABBAYE

7 PLAN P. 40, C6

Bâtie sur le site du castrum romain et des premiers quartiers de la Gênes antique, cette basilique de fondation très ancienne se dresse à l'ombre d'une haute tour médiévale élevée par la famille Embriaci au XIe siècle pour affirmer sa puissance. L'église romane et son couvent (antérieur à l'an 900) témoignent aussi du rôle joué très tôt par les nobles génois dans les commandes faites aux artistes pour les lieux pieux. Certaines fresques remarquables sont plus tardives (XVIe et XVIIe siècles). Visite privée possible moyennant un modeste don. (347 995 67 40, 010 86 03 90 ; www.santamariadicastello.it ; Salita Santa Maria di Castello 15 ; 10h-13h et 15h-18h)

## La Lanterna

PHARE

8 PLAN P. 40, A1

Même si la physionomie du port a radicalement changé, cette sentinelle n'a pas bougé depuis 1543. La lumière du phare de Gênes, l'un des plus anciens et des plus hauts du monde, porte encore à plus de 50 km pour avertir les bateaux et les pétroliers. On peut gravir ses 172 marches et visiter le musée attenant, consacré aux lampes, aux lentilles et à l'histoire du phare. On accède facilement au site, entouré d'un joli parc, via un chemin de 800 m aménagé pour les piétons depuis le terminal des ferries. Visites guidées (15 €/personne) le dernier dimanche du mois au départ du Palazzo San Giorgio (p. 39). (010 8938088 ; www.lanternadigenova.it ; Via alla Lanterna ; tarif plein/réduit 6/5 € ; 14h30-18h sam-dim)

## Galleria Nazionale di Palazzo Spinola

MUSÉE

9 PLAN P. 40, D3

La Galerie nationale occupe quatre étages du magnifique Palazzo Spinola (XVIe siècle). Elle réunit les collections accumulées par les propriétaires successifs du palais : les Grimaldi, les Pallavicino, les Doria, puis les Spinola, qui en firent don à l'État italien en 1958. L'édifice en lui-même, splendide, renferme des chefs-d'œuvre – fresques et mobilier compris. Côté tableaux, l'école de Gênes (XVIIe siècle), influencée par les peintres flamands ayant séjourné

### Échappée dans les collines

Dès qu'il fait beau le week-end, les Génois s'échappent vers les collines pour se promener, pique-niquer ou s'attabler dans les restaurants rustiques. Le **Funicolare Zecca-Righi** (plan p. 40, D2 ; Largo della Zecca) monte très haut au-dessus de Gênes, s'arrêtant à plusieurs stations avant d'atteindre Zecca-Righi, son terminus. De là, vous pouvez parcourir 3 km à pied à travers les bois de l'Area Naturale della Mura, puis monter jusqu'au Forte Sperone, un fort abandonné, mais qui jouait un rôle essentiel dans les défenses de la ville au XIXe siècle. Après quoi, il est possible de grimper encore en passant devant une série d'autres tours et forts pour arriver enfin au Forte Diamante. Perché sur une crête, à 667 m au-dessus de la mer, cet édifice emblématique du XVIIe siècle offre une vue à 360 degrés sur Gênes et les collines alentour.

Une autre option consiste à prendre la **Ferrovia Genova Casella** (www.ferroviagenovacasella.it ; 4,50 €, famille aller-retour 20 €), une ligne de chemin de fer à voie étroite, qui part de l'adorable Stazione di Genova Piazza Manin et serpente pendant 25 km vers le nord jusqu'au village de Casella dans le Valle Scrivia. Certaines stations le long du parcours se trouvent à l'intersection d'itinéraires remarquables, notamment Trensacaso, où vous pouvez emprunter le sentier menant vers l'ouest jusqu'au Forte Diamante.

dans la ville (Van Dyck, Rubens), domine. Il y a aussi une importante collection de céramiques.

Vous pourrez bénéficier d'un tarif réduit au musée du Palazzo Reale (3 € ; p. 36) sur présentation de votre billet d'entrée à la Galleria Nazionale du Palazzo Spinola, et vice versa. Il existe aussi un billet combiné (tarif plein/réduit/enfant 4-12 ans 26/22/17 €) incluant l'accès à l'Acquario (p. 42), au Palazzo Reale et au Palazzo Spinola. (☎ 010 2705300 ; www.palazzospinola.beniculturali.it ; Piazza Pellicceria 1 ; tarif plein/réduit 6/2 € ; ⏲ 8h30-19h30 mar-sam, 13h30-19h30 dim)

## Boccadasse

VILLAGE

10 ◎ PLAN P. 40, D6

Quand le soleil brille, imitez les Génois : offrez-vous une *passeggiata* le long du Corso Italia, à 2,5 km à l'est du centre. Jalonnée de villas de style Liberty (encadré p. 46), cette large promenade de 3 km rejoint Boccadasse, un ancien village de pêcheurs ravissant, que l'on croirait tout droit sorti des Cinque Terre. Sa plage de galets est le lieu idéal pour déguster une glace en journée, et ses nombreux petits bars servent des Spritz à une clientèle joyeuse les soirs d'été.

### Architecture ligure

Comme de nombreuses autres villes du nord de la péninsule – Milan, Turin, Bologne ou Trieste, mais aussi Venise ou les rives des grands lacs –, Gênes n'échappa pas à la vague Art nouveau qui déferla sur l'Europe au tournant des XIXe et XXe siècles. Caractérisé par son exubérance, son goût pour les courbes, les motifs inspirés de la nature, et pour la ferronnerie, la céramique et les vitraux, ce style prit en Italie le nom de Stile Floreale ou Liberty.

Mais l'influence de ce dernier se révèle relativement mineure dans la Riviera di Levante en comparaison des témoignages plus anciens du style "gothique ligure" (XIIe-XIVe siècle), reconnaissable à ses façades bichromes à bandes de marbre blanc et d'ardoise noire, ou de l'architecture baroque (XVIe siècle) des somptueux *palazzi* de la Strada Nuova.

## Se restaurer

### Il Marin

PRODUITS DE LA MER **€€€**

11 PLAN P. 40, C4

Ce restaurant situé au 3e étage d'Eataly réussit une alliance rare : une vue panoramique sur le port et une carte axée sur la mer particulièrement créative. Ses larges baies, ses tables en bois rustiques et sa cuisine ouverte créent un cadre à la fois élégant et décontracté pour déguster des plats à base de produits méditerranéens peu courants, superbement présentés. Pensez à réserver. (Eataly Genova ; 010 869 87 22 ; www.eataly.net ; Porto Antico ; repas 50-60 €, menu 8 plats 75 € ; midi-15h et 19h-22h30 mer-lun)

### Trattoria Rosmarino

TRATTORIA **€€**

12 PLAN P. 40, E4

Une trattoria dédiée aux spécialités locales, à prix doux, avec une cuisine qui se distingue par son brio et son raffinement. Avec deux services par soir, l'ambiance est toujours animée, mais il y a aussi des recoins offrant un peu d'intimité. Téléphonez pour réserver une table en soirée. (010 251 04 75 ; www.trattoriarosmarino.it ; Salita del Fondaco 30 ; repas 28-34 € ; 12h30-14h30 et 19h30-22h30 lun-sam)

### Mercato Orientale Genova

ITALIEN **€**

13 PLAN P. 40, H6

Le plus ancien marché de Gênes accueille depuis 2019 une douzaine de stands de restauration variés et gourmets : pizzas au feu de bois, pâtes, hamburgers, focaccias, paninis, tacos, produits de la mer frais. Un bar carré occupe le centre de la vaste halle datant du XIXe siècle. Il y a aussi un bar à vins et un restaurant haut de gamme sous l'égide d'un célèbre jeune chef, Daniele Rebosio. (MOG ; 010 897 30 00 ; www.moggenova.it ; Via XX Settembre 75 ; plats à partir de 8 € ; 10h-23h45 ; )

### Bella Bu

LIGURE €€

14 PLAN P. 40, E3

Un bistrot à l'ambiance lumineuse étudiée, parfait pour un cocktail et des tapas ou pour un dîner plus tardif. Ses jeunes propriétaires mettent en valeur la qualité et la fraîcheur d'ingrédients de saison dans des plats créatifs inspirés des cuisines ligure et espagnole, qui s'harmonisent bien avec les vins naturels qu'ils proposent. ( 010 247 42 09 ; www.bellabubistrot.com ; Vico Inferiore del Ferro 9 ; repas 25-40 € ; 18h30-1h lun-jeu, 18h30-2h ven-sam)

### Osteria di Vico Palla

LIGURE €€

15 PLAN P. 40, B5

Cette vieille taverne, près du front de mer, existe depuis les années 1600, sous une forme ou une autre. Plafonds voûtés en brique, tables en bois et bibelots nautiques composent un cadre sans prétention pour un festin à base de produits de la mer. Le menu inscrit sur l'ardoise (que l'on vous apporte à table) comporte chaque jour une foule de plats ligures délicieux. ( 010 246 65 75 ; www.osteriadivicopalla.com ; Vico Palla 15 ; repas 26-36 € ; 12h30-15h et 19h30-23h mar-dim)

### Pizzeria Savô

PIZZERIA €

16 PLAN P. 40, C2

Des pizzas pour gourmets : ici, non seulement elles osent l'originalité, mais surtout elles sont excellentes grâce à la très grande qualité de leurs ingrédients, souvent agrémentés de fraîche verdure. ( 010 856 85 93 ; www.pizzeriasavo.it ; Via Al Ponte Calvi 16 ; pizzas 12-20 € ; midi-15h et 18h30-23h30 lun-sam, 18h30-23h30 dim)

### Trattoria da Maria

TRATTORIA €

17 PLAN P. 40, F3

Attendez-vous au brouhaha à l'heure du déjeuner : dans cette authentique trattoria d'ouvriers (aussi fréquentée par d'autres), on mange sur de minuscules tables, à touche-touche, au milieu des cris des commandes et de la valse effrénée des assiettes. Le menu griffonné à la main propose un choix limité de plats du jour qui fait la joie de tous, comme les pichets de vin ridiculement peu chers. ( 010 58 10 80 ; Vico Testadoro 14r ; repas 10-20 € ; 11h45-14h45 lun-mer et sam, 11h45-14h45 et 18h15-22h jeu-ven)

## Prendre un verre

### Cantine Matteotti

BAR À VINS

18 PLAN P. 40, D5

Vous entendez des airs de Puccini ? C'est que vous approchez de ce petit bar, assez unique, où grande musique et bons vins sont les deux passions des propriétaires. Vous y découvrirez d'étonnants crus locaux, en grignotant des *crostini* à la garniture inventive, des lasagnes au pesto ou de généreuses assiettes de fromages. (010 868 70 00 ; Archivolto Baliano 4-6r ; 18h-2h ven-sam, 18h-1h dim-jeu)

### Les Rouges — BAR À COCKTAILS

19 PLAN P. 40, D4

Sous les hauts plafonds peints d'un vieux palais, ce bar à cocktails est un lieu magique ! Trois frères roux et barbus – les fameux "Rouges" – y mixent des ingrédients de qualité supérieure et des saveurs florales ou végétales, comme la camomille et le combava, pour préparer parmi les meilleurs cocktails de la ville. (329 3490644 ; 1er ét, Piazza Campetto 8a ; 18h-0h45 ven-sam, 18h-23h45 dim-jeu)

### Malkovich — BAR À COCKTAILS

20 PLAN P. 40, D3

Niché sous le bar Groove, Malkovich est l'un des repaires les plus secrets, à l'atmosphère la plus envoûtante de Gênes. Pour entrer, il faut prononcer un mot de passe (la question à laquelle il faut répondre figure sur la page Facebook). À l'intérieur, bougies vacillantes, jazz optimiste et meubles vintage disséminés dans différentes pièces évoquent le glam de l'époque de la prohibition. Il y a même une baignoire habilement placée. (www.facebook.com/malkovichgenova ; Via ai Quattro Canti di San Francesco 32r ; 21h-3h ven-sam, 21h-1h dim-jeu)

ARTMEDIAFACTORY/SHUTTERSTOCK ©
Teatro Carlo Felice

### Scurreria Beer & Bagel — BAR À BIÈRES

21 PLAN P. 40, D4

Petit bout de Brooklyn au détour des *caruggi*, ce bar à bières attire la jeunesse génoise avec plus d'une douzaine de bières locales et d'importation à la pression, et une longue carte de bières en bouteilles. Et pour grignoter : des bagels garnis comme seuls les Italiens savent en faire ! (Via di Scurreria 22r ; 18h-1h lun-ven, midi-1h sam-dim ; )

## Sortir

### Teatro Carlo Felice — THÉÂTRE

22 PLAN P. 40, E4

La programmation saisonnière et la modernité de cet opéra (doté de quatre scènes) méritent que l'on y réserve un spectacle. (☎ 010 538 13 14 ; www.carlofelice.it ; Passo Eugenio Montale 4)

### Giardini Luzzati CENTRE ARTISTIQUE

23 PLAN P. 40, D6

Cette plate-forme artistique alternative organise concerts, festivals de rue, promenades archéologiques, débats, ateliers et autres animations. Consultez le programme complet en ligne ou allez y boire une bière le week-end pour voir ce qui s'y passe. (☎ 010 898 47 85 ; www.giardiniluzzati.it ; Piazzetta Rostagno)

## Shopping

### Paccottiglia CONCEPT STORE

24 PLAN P. 40, D5

Ce concept-store propose une panoplie de vêtements bien pensés et d'accessoires uniques : espadrilles et chemises en coton doux de la société danoise Ichi, confortables slips de la marque espagnole The Nude Label, ou robes du créateur de mode éthique SKFK, attrayants produits de bain, sacs en toile, cahiers ou curieuses décorations murales. (www.facebook.com/paccottiglia ; Via di Canneto Il Lungo 67 ; 11h15-19h30 mar-ven, 10h-19h30 sam)

### Boutique dans un palais

Même si la déco design n'est pas votre tasse de thé, gravissez les majestueux escaliers de **Via Garibaldi 12** (plan p. 40, E3 ; ☎ 010 253 03 65 ; www.viagaribaldi12.com ; 10h-14h et 15h30-19h mar-sam) pour vous faire une idée de la splendeur de Gênes. Ici, la collection de meubles et d'objets contemporains est présentée au milieu des élégantes colonnes, des dorures et des fresques baroques d'un palais !

### Temide ART ET DESIGN

25 PLAN P. 40, E4

Vitrine de la créativité ligure, Temide vend des œuvres d'artistes et d'artisans locaux : délicates céramiques, séduisants bijoux, sacs brodés, écharpes en soie peintes à la main, articles pour la maison en matériaux recyclés, ainsi que de l'art naïf, sculptures et tableaux. Bref, une foule d'idées cadeaux originales. Temide a aussi un magasin à Savone. (www.temidestore.it ; Vico del Fieno 40 ; 15h30-19h30 lun, 10h30-14h et 15h30-19h30 mar-sam)

Explorer

# Du promontoire de Portofino à Levanto

*Coincée entre les eaux bleues de la Méditerranée et l'arrière-pays montagneux, cette bande côtière abrite certaines des stations balnéaires les plus chics d'Italie, dont Portofino, la favorite, et Santa Margherita Ligure, mais elle conserve aussi des zones naturelles d'une incroyable beauté et d'une grande authenticité.*

## Notre sélection

- ***Portofino (p. 52)***. *Goûtez au chic et aux charmes de la station en prenant un verre sur le port, avant de vous balader alentour.*
- ***Abbazia di San Fruttuoso (p. 54)***. *Rejoignez à pied, par des sentiers boisés, cette abbaye médiévale nichée dans une anse solitaire.*
- ***Camogli (p. 57)***. *Faites un festin de fruits de mer dans ce charmant port aux maisons pastel.*
- ***Sestri Levante (p. 62)***. *Explorez les ruelles pavées et les baies qui enchantèrent Hans Christian Andersen.*
- ***Funivia Rapallo-Montallegro (p. 61)***. *Profitez d'une vue panoramique sur la côte depuis ce téléphérique.*

## Comment y aller et circuler

Des trains fréquents relient Gênes, Camogli, Santa Margherita Ligure, Rapallo, Sestri Levante et Levanto.

Golfo Paradiso SNC (www.golfoparadiso.it) assure un service de bateau entre le Porto Antico de Gênes et Camogli (aller/aller-retour 10/17 €) ou Portofino (15/24 €). Servizio Marittimo del Tigullio (traghettiportofino.it) effectue la liaison par bateau entre Rapallo, Santa Margherita Ligure, Portofino et San Fruttuoso.

**Plan du promontoire de Portofino à Levanto p. 56**

Portofino (p. 52) MASSIMO GALENO/EYEEM/GETTY IMAGES ©

Les incontournables

# Portofino

*Même les arbres portent beau à Portofino, un petit port tout en couleurs niché au creux d'un promontoire rocheux. Certes, les hôtels y sont fort chers, mais une escapade d'une journée depuis Gênes suffit déjà pour goûter au plaisir du lieu, siroter un verre face aux yachts ancrés dans le port, et admirer les vitrines des boutiques de mode et de design.*

PLAN P. 56, B2

Office du tourisme

Via Roma 35

10h-13h et 14h-18h mar-dim mai-sept, 10h-13h et 14h-17h mar-dim avr et oct, 11h-15h ven-dim nov-mars

## Castello Brown

Du port, l'escalier de la "Salita San Giorgio" grimpe jusqu'à la Chiesa di San Giorgio, puis au surprenant **château de Portofino** (photo page ci-contre ; ✆335 83 711 56, 349 08 20 570 ; www.castellobrown.com ; Via alla Penisola 13a ; 5 € ; ⏲10h-19h été, 10h-17h sam-dim hiver), que l'on atteint en 10 minutes – mais appelez au préalable ou vérifiez auprès de l'office du tourisme pour vous assurer qu'il n'est pas fermé pour un événement privé. Cette ancienne forteresse génoise fut le théâtre d'affrontements avec les Vénitiens, les Savoyards, les Sardes et les Autrichiens, notamment, avant de tomber aux mains de Napoléon.

## Parco Naturale Regionale di Portofino

Plus de 70 km de **sentiers** (www.parks.it/parco.portofino), souvent très isolés, sillonnent le promontoire de Portofino, loin de l'agitation qui règne sur les routes. L'office du tourisme en fournit les cartes.

Une belle mais difficile randonnée (en raison de tronçons très exposés) d'une journée suit le littoral sur 18 km entre Camogli et Santa Margherita Ligure, via San Fruttuoso et Portofino (correspondances possibles en train aux deux extrémités).

### ★ À savoir

- Près du port, des bateaux-taxis proposent promenades en mer et snorkeling (à partir de 30 €).
- Golfo Paradiso SNC (www.golfoparadiso.it) relie en bateau Portofino à Santa Margherita Ligure (7 €), Rapallo (9 €) et, en été, Gênes (15 €).
- Le bus n°82 (www.atp-spa.it) rallie Santa Margherita Ligure (devant l'office du tourisme).

### ✕ Une petite pause ?

Le **Ristorante Puny** (✆0185 26 90 37 ; Piazza Martiri dell'Olivetta ; repas 40-50 € ; ⏲midi-15h et 19h-23h mer-ven) donne sur le port et sert une bonne cuisine à base de produits de la mer.

Perché sur la falaise à côté du phare de Portofino, **Al Faro di Portofino** (✆320 3087036 ; Via alla Penisola 18) offre une vue époustouflante sur la mer depuis sa terrasse.

## Les incontournables

# Abbazia di San Fruttuoso

*Dressée au fond d'une anse étroite seulement accessible à pied ou en bateau, l'abbaye médiévale de San Fruttuoso semble un monde à l'écart du reste de la Riviera. Outre la visite des anciens bâtiments et les joies de la plage, le grand attrait du site tient surtout au plaisir de la randonnée le long du joli sentier côtier qui y mène.*

PLAN P. 56, A1

www.visitfai.it/sanfruttuoso

Tarif plein/réduit 7,50/4 €

10h-17h45 été, 10h-15h45 hiver

## Abbaye

Située près d'un hameau, l'abbaye bénédictine, bien restaurée, fut édifiée pour accueillir les reliques de saint Fructueux, l'évêque de Tarragone, martyrisé en Espagne en 259. Elle fut reconstruite au milieu du XIIIe siècle avec l'aide de la famille Doria. Le déclin de la communauté religieuse conduisit à l'abandon de l'abbaye qui, au XIXe siècle, fut divisée en logements. Aujourd'hui, elle respire le calme et la simplicité, et renferme une émouvante collection d'objets liés à la vie monastique.

## Christ des abysses

En 1954, une statue en bronze du Christ a été déposée par 17 m de fond, au large de l'abbaye, pour bénir les eaux. Représenté les bras ouverts par le sculpteur Guido Galletti, ce Christ a été placé près du site où le plongeur italien Dario Gonzatti est mort en 1947. Vous pouvez le voir, soit en plongeant, soit depuis un bateau d'excursion de Golfo Paradiso SNC.

## Sentiers de randonnée

Parmi les différents sentiers de randonnée menant à l'abbaye, les plus populaires sont ceux qui partent de Camogli et de Portofino. Dans les deux cas, comptez environ 2 heures 30 aller et préparez-vous à des passages abrupts. Depuis Camogli, vous avez le choix entre un sentier qui passe par l'intérieur via Semaforo Nuovo (indiqué par deux triangles rouges) ou un sentier côtier via les Batterie (indiqué par deux cercles rouges). Ce dernier comporte des tronçons plus courts mais périlleux à flanc de falaise, où la progression s'effectue avec l'aide de chaînes – déconseillé aux personnes souffrant de vertige.

### ★ À savoir

- Vous pouvez aussi venir en bateau depuis Camogli (aller/aller-retour 9/14 €), Portofino (9/13 €), Santa Margherita Ligure (11/17 €) et, en été, Gênes (15/24 €).
- À la belle saison, il y a un monde fou à San Fruttuoso. Si vous y allez à pied, partez tôt le matin pour éviter la foule.
- Les possibilités de restauration étant limitées, emportez un pique-nique pour éviter toute déception.

### ✕ Une petite pause ?

**Da Laura** (☎339 5208537 ; repas 36-46 € ; ⏲12h30-14h) sert sur une terrasse ombragée de sublimes plats à base de produits de la mer. Réservez.

Il y a aussi un snack-bar, au-dessus de la plage, où prendre boisson fraîche, focaccia ou autre en-cas.

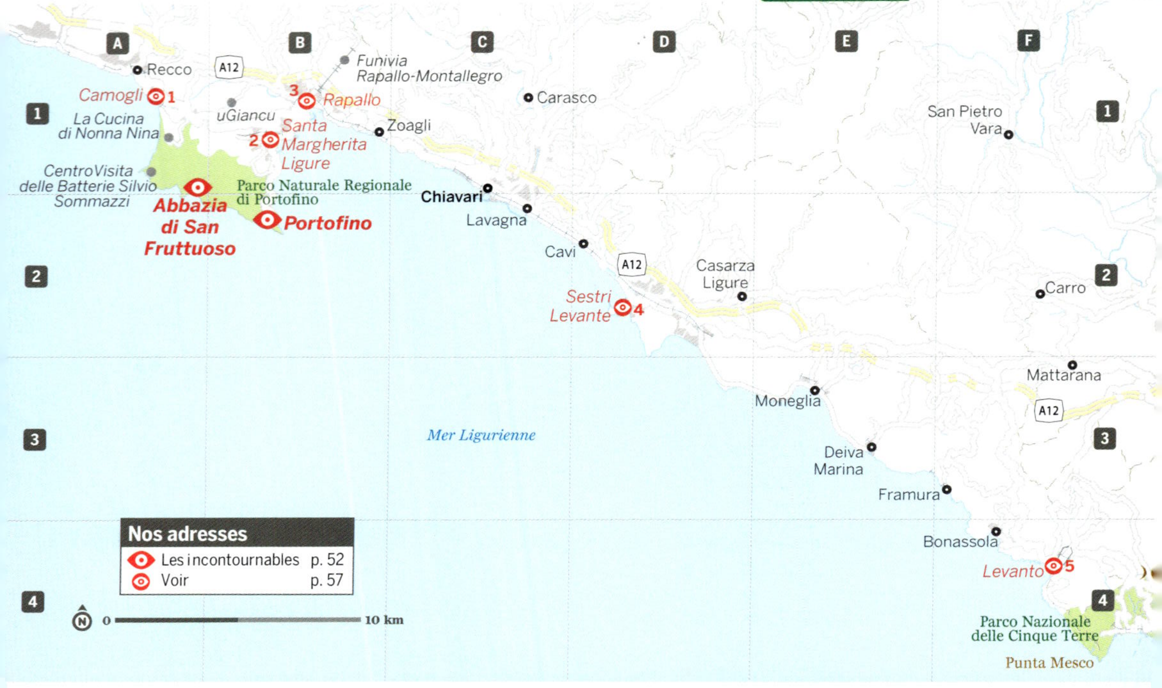
A
B
C
D
E
F
1
2
3
4
Recco
A12
Funivia
Rapallo-Montallegro
Carasco
Camogli 1
3 Rapallo
La Cucina
di Nonna Nina
uGiancu
Santa
2 Margherita
Ligure
Zoagli
San Pietro
Vara
CentroVisita
delle Batterie Silvio
Sommazzi
Abbazia
di San
Fruttuoso
Parco Naturale Regionale
di Portofino
Portofino
Chiavari
Lavagna
Cavi
Casarza
Ligure
Carro
Sestri
Levante 4
Mattarana
Moneglia
Mer Ligurienne
Deiva
Marina
Framura
Bonassola
Levanto 5
Parco Nazionale
delle Cinque Terre
Punta Mesco
Nos adresses
Les incontournables p. 52
Voir p. 57
N
0
10 km

## Camogli

1 PLAN P. 56, A1

À 25 km à l'est de Gênes, Camogli est réputé pour ses façades peintes en trompe l'œil, ses maisons étagées à flanc de colline, et ses rues qui descendent en serpentant jusqu'à sa jolie plage de galets, sur fond de pins parasols et d'oliviers. Si les touristes affluent à Portofino, c'est ici que de nombreux intellectuels et artistes d'Italie du Nord ont leurs quartiers d'été. Camogli, dont le nom signifie "maison des épouses" en référence au temps où les femmes s'occupaient du village quand leurs maris étaient en mer, demeure aussi un port de pêche actif.

### Centro Visita delle Batterie Silvio Sommazzi — SITE HISTORIQUE

Ce centre d'accueil gratuit présente l'histoire de la 202e Batteria Chiappa, construite durant la Seconde Guerre mondiale pour défendre Gênes et la côte, ainsi que les installations militaires disséminées au sein du Parco di Portofino (prenez une carte pour voir leur emplacement). Il organise aussi des visites guidées du poste militaire, et notamment de ses tunnels cachés. (☎ 348 0182556 ; www.parcoportofino.com ; Chiappa ; visite guidée 1 heure adulte/enfant 5/3 € ; ⏰ 10h-17h sam-dim mars à mi-juin et sept)

### Mercato — MARCHÉ

Le marché du mercredi à Camogli attire une foule de vendeurs dont

Camogli

MALCOLM P. CHAPMAN/GETTY IMAGES ©

les étals s'étendent sur la Via XX Settembre, la Via Schiaffino et la Piazza Schiaffino. (Via XX Settembre ; 8h-13h)

### La Cucina di Nonna Nina
TRATTORIA €€

Dans les hauteurs boisées de San Rocco di Camogli, voici la seule table estampillée Slow Food de la côte. Revisitant avec amour les recettes de sa grand-mère Nina, Paolo Delphin vous y convie à un voyage culinaire grâce à de fabuleux plats traditionnels comme la morue séchée mijotée avec des pignons, des pommes de terre et des olives *taggiasche*, et la soupe d'artichaut. (0185 77 38 35 ; Via F Molfino 126 ; repas 35-50 € ; 12h30-15h et 19h30-22h30 jeu-mar)

### Da Paolo
PRODUITS DE LA MER €€

En haut d'une petite rue qui part du front de mer, l'élégant Da Paolo n'a pas son pareil pour servir des produits de la mer frais, tout juste débarqués du bateau, et préparés selon des recettes locales simples. Commandez votre poisson à l'*etto* (les 100 g), ou des assiettes de scampis ou de calamars. Délicieux raviolis de poisson. (0185 77 35 95 ; www.ristorantedapaolocamogli.com ; Via San Fortunato 14 ; repas 40-50 € ; 19h30-22h30 mar, midi-14h30 et 19h30-22h30 mer-dim)

### Revello
BOULANGERIE €

Une bonne adresse pour prendre une part de *focaccia di Recco* – variante un peu feuilletée fourrée au *stracchino* (fromage frais lombard). D'autres focaccias

Villa Durazzo

STANLEY ROGERS/ALAMY STOCK PHOTO ©

sont garnies d'anchois, de tomate fraîche et d'olives de Ligurie, ou parfumées à la sauge ou à l'oignon. (☎ 0185 77 07 77 ; www.revellocamogli.com ; Via Garibaldi 183 ; focaccia à partir de 2 € ; 🕗 8h-19h30)

### La Bossa di Mario

PRODUITS DE LA MER **€€**

Cet élégant bar propose plus de 130 vins locaux et italiens ! Quant au menu de saison, il affiche par exemple du thon Camogli sur lit de tomates, du poisson cru du jour avec un filet de citron et une pincée de coriandre parfumée, ou des cannellonis farcis à la bourrache et aux pétoncles, un délice ! (☎ 0185 77 25 05 ; www.labossa.it ; Via della Repubblica 124 ; repas 28-38 € ; 🕗 18h-minuit jeu-mar)

### La Mancina

BAR

Perché sur un tabouret à l'extérieur, vous profiterez de la vue sur la mer. Mais l'intérêt de La Mancina est plutôt dans la salle aux murs tapissés de livres, où les gens du coin discutent avec le sympathique propriétaire autour de Spritz ou de vins locaux. (Via al Porto Camogli ; 🕗 17h-2h jeu-mar)

## Santa Margherita Ligure

2 ◎ PLAN P. 56, B1

On croirait Santa Margherita Ligure sortie d'un tableau impressionniste, avec sa belle promenade en bord de mer. Dans ce village de pêcheurs devenu une destination prisée des

### Punta Chiappa

Depuis la promenade de Camogli, Via Garibaldi, des bateaux partent pour la Punta Chiappa (aller/aller-retour 6/11 €), une pointe rocheuse du promontoire de Portofino, où se baigner et lézarder au soleil. C'est à 5 minutes de bateau, mais on peut aussi y accéder par un pittoresque sentier (3 km) qui part du bout de la Via San Bartolomeo.

retraités, d'élégants hôtels à la façade de style Liberty (encadré p. 46) font face à des yachts. Moins clinquante que Portofino, la cité balnéaire compte quelques hôtels abordables, et la vie y suit un cours assez ordinaire en retrait du front de mer.

### Villa Durazzo

JARDINS

Surplombant la mer, cette villa du XVIIe siècle règne sur de somptueux jardins, en partie à l'italienne, en partie à l'anglaise. On peut se promener parmi les citronniers, les haies d'hortensias et de camélias, et d'autres plantes luxuriantes, ou flâner parmi la collection de peintures du XVIIe siècle récemment restaurée.

Un café, ouvert toute l'année, permet de profiter de la jolie terrasse en sirotant un verre. (www.villadurazzo.it ; Piazzale San Giacomo 3 ; jardins gratuits, villa adulte/enfant 5,50/3 € ; 🕗 jardins 9h-19h, villa 9h-13h et 14h-18h)

### Santuario di Nostra Signora della Rosa — ÉGLISE

En pénétrant dans la petite église de Santa Margherita Ligure, vous resterez bouche bée, surpris et ébloui de découvrir une telle exubérance baroque, une telle profusion de dorures, de fresques, de lustres et de vitraux, inattendues ici. (Piazza Caprera)

### L'Altro Eden — PRODUITS DE LA MER €€

Sur le port, ce restaurant de poissons offre une salle romantique et confortable, en gris et blanc, parfaite pour les soirées fraîches ; l'été, les tables en terrasse sont à deux pas des bateaux. Le poisson est préparé à la commande (prix au poids), et les spécialités maison sont le poisson cru et le risotto aux crevettes ou à l'encre. (☎ 0185 29 30 56 ; www.laltro.ristoranteeden.com ; Calata del Porto 11 ; repas 40-60 € ; ⏲ midi-23h30 lun-ven, midi-14h30 et 19h-23h30 sam-dim)

### Sabot Italia — BAR

À côté du centre historique, Sabot sert de formidables *aperitivi* : entre 17h et 21h, de généreuses assiettes d'en-cas accompagnent les boissons. Installez-vous dans un canapé ou attablez-vous en bord de rue, et laissez-vous aller aux plaisirs des cocktails bien préparés, des rythmes jazzy et des échanges de plaisanteries avec le personnel. (www.facebook.com/sabotitalia ; Piazza Martiri della Libertà 32 ; ⏲ 17h-3h lun-ven, 10h-3h sam-dim ; 📶)

## Rapallo

3 ◎ PLAN P. 56, B1

Quand on voit ses cabines de bain bleu vif, sa plage frangée de palmiers et son tout petit château du XVIe siècle surplombant la mer, on comprend comment des écrivains tels W. B. Yeats ou Ezra Pound ont pu trouver l'inspiration dans cette ville au charme poétique et nostalgique. Le jeudi, le marché s'étale le long du front de mer, et l'animation bat son plein.

### Lungomare Vittorio Veneto — QUARTIER

La belle promenade du front de mer voit défiler quotidiennement habitants et visiteurs. C'est là aussi que s'installe le Mercato del Giovedì (marché du jeudi).

### uGiancu — LIGURE €€

À 5 km de la côte, le hameau de San Massimo di Rapallo est connu pour son restaurant tenu par Fausto Oneto, grand amateur de bandes dessinées – une partie de sa collection de planches et de dessins originaux de BD tapisse les murs ! À l'écart de la côte, sa cuisine privilégie la viande et les légumes, à l'instar du succulent agneau de lait aux herbes et légumes du jardin. (☎ 0185 26 05 05 ; www.ugiancu.it ; Via San Massimo 78 ; repas 30-40 € ; ⏲ 20h-22h30 jeu-sam et lun-mar, midi-15h dim déc-oct, 20h-22h30 jeu-mar nov)

### Vecchia Rapallo

PRODUITS DE LA MER €€

Ce restaurant met à l'honneur les produits de la mer, parfois avec une touche créative. Les raviolis maison sont irrésistibles : ceux à la dorade accompagnés d'une sauce à la betterave et aux crevettes, ou ceux aux bettes avec une sauce à la truffe. Pour prendre un verre, il y a aussi un bar à vins et à cocktails. (0185 5 00 53 ; www.vecchiarapallo.com ; Via Cairoli 20/24 ; repas 28-48 € ; midi-14h30 et 18h-23h été, horaires réduits hiver)

### Ö Bansin

TRATTORIA €

Cette trattoria sert une robuste cuisine ligure (friture de morue, soupe de pois chiches, raviolis aux épinards et à la sauce aux noix, gratin de moules), en toute

## Sanctuaire perché sur la colline

Prenez un peu de hauteur avec la **Funivia Rapallo-Montallegro** (Piazzale Solari 2 ; aller/aller-retour 5,50/8 € ; 9h-12h30 et 14h-18h), un vénérable téléphérique de 1934. Il vous montera au Santuario Basilica di Montallegro (612 m), édifié à l'emplacement où serait apparue la Vierge en 1557. Si vous préférez grimper à pied, un ancien sentier muletier vous mènera de Rapallo en haut de cette colline (5 km, 1 heure 30).

D'autres sentiers de randonnée se croisent au sommet, notamment un sentier panoramique qui redescend sur Chiavari.

Funivia Rapallo-Montallegro

simplicité mais non sans amour. Au déjeuner : le menu avec deux plats et le vin maison ou de l'eau coûte 10 € (5 € pour un *primo piatto* et une garniture). L'été, on peut s'installer dans une cour-jardin. (0185 23 11 19 ; www.trattoriabansin.it ; Via Venezia 105 ; repas 18-27 € ; midi-14h lun, midi-14h et 19h-21h30 mar-dim)

### Parla Come Mangi ÉPICERIE FINE

Non loin du front de mer, cette épicerie fine regorge de produits appétissants provenant de la Riviera italienne et au-delà : fromages, charcuteries, vins, huiles d'olive, pâtes maison, confitures et autres douceurs. Pour préparer un pique-nique, il n'y a pas mieux ! (www.parlacomemangi.com ; Via Mazzini 44 ; 8h-13h et 16h-20h lun-sam)

## Sestri Levante

4 PLAN P. 56, D2

À peu près à mi-chemin entre Gênes et les Cinque Terre, cette jolie ville balnéaire a enchanté des générations de visiteurs. Hans Christian Andersen est tombé amoureux de cette localité où il séjourna en 1833. C'est en son honneur que la longue promenade bordée de palmiers a été baptisée **Baia delle Favole** (baie des Contes). Sestri Levante abrite aussi un petit quartier historique, émaillé d'immeubles de style Liberty, de boutiques décontractées, de cafés et de restaurants avec terrasse.

Juste au sud s'étend la pittoresque **Baia del Silenzio**

Baia del Silenzio

(baie du Silence) avec sa charmante petite plage adossée à des villas très colorées. De belles promenades au sud de l'agglomération offrent une vue spectaculaire sur la ville, parfois décrite entre *"due mari"* (deux mers).

### Museo Archeologico e della Città MUSÉE

Installé aux 3e et 4e étages du joli Palazzo Fascie, le Musel vous fait plonger dans le passé de Sestri Levante grâce à ses expositions interactives et à la présentation de vestiges archéologiques retrouvés dans la région, pour certains sous la mer. Il couvre une vaste période avec des objets du paléolithique comme de l'époque romaine ou du Moyen Âge. Le 3e étage vous emmène au XXe siècle où sont évoqués les bouleversements de la région provoqués par les migrations, la guerre et l'essor de l'industrie. (Musel ; www.musel.it ; Corso Colombo 50 ; adulte/enfant 5/3 € ; 10h-13h et 14h-17h)

### Chiesa di Santa Maria Immacolata ÉGLISE

Une courte mais rude montée mène à cette église du XVIIe siècle, connue pour son retable en bois finement ciselé. Vous y verrez aussi une adorable *presepe* (crèche), juste à gauche en entrant. Appuyez sur le bouton, et la scène s'anime : tout y est, le tonnerre et les éclairs, les vaches qui ruminent, le vacillement des flammes, et des dizaines de villageois qui vaquent à leurs activités (cordonniers, pêcheurs, rémouleurs ou joueurs de cartes).

La petite place, en face, offre une vue fabuleuse sur la Baia del Silenzio. (Chiesa dei Cappuccini ; Via Cappuccini)

### Osteria Mattana LIGURE €

Les habitants adorent cette *osteria* pour sa cuisine maison revigorante à prix imbattables. Le menu sur l'ardoise change tous les jours, avec par exemple du ragoût de seiche aux pommes de terre et artichauts, des spaghettis aux moules et aux palourdes, ou du lapin braisé. Commencez par une *farinata* (pain plat à base de farine de pois chiches) cuite au four à bois situé à l'avant. Paiement en espèces. (0185 45 76 33 ; www.osteriamattana.com ; Via XXV Aprile 34 ; repas 20-30 € ; 19h-22h30 mai-sept, 19h-22h30 mar-ven, midi-14h30 et 19h-22h30 sam-dim oct-avr)

### Black Bart BAR

Près de la Baia del Silenzio, ce bar chaleureux sert les meilleurs cocktails de la ville. Essayez un élixir créatif, comme Le Vigne Sospese à base de Cynar (un amer italien), mezcal, angostura et chocolat amer. D'excellents vins, un service aimable et de bonnes assiettes de fromages et de charcuteries : que demander de mieux ? (www.facebook.com/blackbartsestri ; Via Cappuccini 7 ; 17h-23h30 mer-lun)

# Levanto

5 PLAN P. 56, F4

Au nord de Monterosso, cette cité balnéaire un peu assoupie et à l'écart de la foule constitue une bonne base pour explorer les Cinque Terre. Habitée depuis l'époque romaine (on l'appelait Ceula), elle a conservé des fragments de son passé disséminés autour de la ville, notamment la *loggia comunale*, l'un des rares bâtiments de ce type ayant survécu depuis la fin du Moyen Âge en Ligurie.

Cependant, la plupart des visiteurs viennent ici pour la grande plage de sable et galets, et la belle promenade en front de mer. Levanto est le point de départ d'une superbe randonnée (p. 66) jusqu'à Monterosso par la Punta Mesco. On peut aussi y louer un vélo pour faire un tour jusqu'aux villages de Bonassola et Framura (encadré page ci-contre).

## Via Guani

RUE

À quelques pas de la plage, cette ruelle tortueuse passe devant certains des plus anciens bâtiments de la ville. Remarquez notamment les nobles résidences, comme le Palazzo delle Sirene (XVIe siècle) au n°37. La Via Guani débouche sur la pittoresque Piazza del Popolo, où vous verrez la *loggia comunale*, qui remonte au XIIIe siècle. Sur le mur d'une pièce qui servait d'archives, on voit encore une fresque du XVe siècle représentant l'*Annonciation*.

À vélo le long de la plage de Bonassola

WESTEND61/GETTY IMAGES ©

## À vélo jusqu'à Bonassola

À Levanto, vous pouvez louer un vélo pour une courte et agréable balade sur une voie lisse et plate menant vers d'autres villages. À 2,5 km au nord de Levanto, Bonassola est une paisible bourgade fleurie, avec quelques restaurants de poissons et une plage de sable gris entourée de collines boisées. L'itinéraire suit une ligne de chemin de fer abandonnée reconvertie en voie pédestre et cyclable, qui comprend une série de tunnels bien éclairés qui s'ouvrent régulièrement sur une vue spectaculaire sur la mer, les rochers et les vagues se fracassant sur les falaises.

Une fois à Bonassola, vous pouvez prendre un rafraîchissement à la terrasse d'un café un peu en retrait du front de mer ou faire un vrai repas à l'**Osteria Antica Guetta** (0187 81 37 97 ; Via Marconi 1 ; repas 30-40 € ; midi-15h et 19h-23h jeu-mar) qui surplombe le rivage. Ensuite, vous pouvez continuer sur 3 km jusqu'au village de Framura. Ce tronçon comporte surtout des tunnels sombres et suintants, ce qui rend la balade à pied plutôt sinistre, alors qu'à vélo elle est intrigante (et rapide). Il existe plusieurs loueurs de vélos à Levanto, dont **Sensafreni Bike Shop** (0187 80 71 28 ; Piazza del Popolo 1 ; location de vélo à l'heure/à la demi-journée/à la journée à partir de 3/5/15 € ; 9h-13h et 16h-20h lun-sam), à quelques pas du front de mer.

### Ristorante Moresco LIGURE €€

Installé dans une salle voûtée, à quelques rues de la plage, ce restaurant est dirigé par un chef qui a su fidéliser sa clientèle grâce à ses superbes plats de pâtes et de poissons ou fruits de mer à prix raisonnables. Moules farcies, *spaghetti alle vongole* (aux palourdes), raviolis de loup ou *pansotti alla genovese* (sortes de raviolis à la sauce aux noix) font partie de ses nombreuses et formidables spécialités. Réservation indispensable. (0187 80 72 53 ; Via Jacopo da Levanto 24 ; repas 30-40 € ; midi-14h et 19h-22h)

### Contro Vento BAR

Un lieu convivial, à quelques pas de la plage (par un tunnel), où se rafraîchir et grignoter à toute heure du jour. Des bières Franziskaner ou Leffe à la pression, de bons vins au verre, d'excellents cocktails, des focaccias, des salades aux anchois ou *caprese*, des assiettes de fromages à savourer à l'ombre d'un parasol : que demander de plus ? (Corso Italia 17 ; 8h-22h ; )

Randonnée

# De Levanto à Monterosso

*Cet itinéraire entre garrigue et falaises offre des vues à couper le souffle. Il ouvre des fenêtres sur l'histoire avec des haltes près d'un château du XIIIe siècle, puis des ruines d'un ermitage médiéval. Le summum reste toutefois le panorama depuis la Punta Mesco, d'où l'on voit tous les villages des Cinque Terre nichés le long de cette côte déchiquetée.*

## La randonnée

**Départ** Plage de Levanto ; Levanto

**Arrivée** Monterosso ; Monterosso

**Longueur** 7 km

**Durée** 3 heures

## ❶ Bord de mer de Levanto

Sur le bord de mer de Levanto, marchez vers l'extrémité sud de la promenade en admirant la vue sur cette cité balnéaire sous-estimée. Prenez l'escalier indiqué juste après les colonnes de pierre sur la gauche.

## ❷ Castello di Levanto

L'escalier monte dans la partie ancienne du bourg en passant devant son château du XIIIe siècle, merveilleusement préservé. Cette forteresse qui a conservé ses tours crénelées a rempli de nombreuses fonctions au fil des siècles, dont celle de prison au XVIIIe siècle. C'est aujourd'hui une propriété privée.

## ❸ Podere Case Lovara

Le FAI (Fondo Ambiente Italiano) est en train de redonner vie à une ferme agricole, à pic sur la mer, auparavant laissée à l'abandon. Restauration des murets de pierre sèche, des bâtiments et des terrasses, plantées d'oliviers, d'arbres fruitiers et de jardins potagers, transforment ces anciennes ruines en un lieu productif d'une grande beauté. On peut pique-niquer sur la propriété, moyennant un petit don. Les bénévoles sont bienvenus.

## ❹ Punta Mesco

Le sentier grimpe au milieu des rochers, des pins, des chênes verts et de la garrigue, en offrant à chaque virage une vue toujours plus majestueuse sur les falaises. On arrive bientôt à la Punta Mesco, d'où s'étend un extraordinaire panorama. Du sommet de ce haut promontoire, on peut voir à la fois la baie de Levanto et celle de Monterosso.

## ❺ Eremo di Sant'Antonio

Au bout d'un éperon (300 m) qui part du sentier principal subsistent les ruines de cet ermitage dédié à saint Antoine, fondé au XIVe siècle et abandonné au fil des siècles. Dès qu'ils voyaient apparaître à l'horizon des navires de pirates, les moines qui vivaient ici allumaient des feux pour prévenir les villages voisins.

## ❻ Vues depuis la descente sur Monterosso

La descente sur Monterosso dévoile des vues fabuleuses. Après de nombreux escaliers, on aperçoit la plage et, juste au-delà, Fegina, la partie moderne de Monterosso.

## ❼ Spiaggia di Fegina

La jolie plage de Fegina paraît fort agréable pour se détendre après cette longue marche. On y trouve des espaces gratuits entre deux tronçons payants. C'est la seule vraie plage des Cinque Terre.

## ❽ Monterosso

Terminez le parcours dans le centre historique de Monterosso (p. 68), où il y a des cafés et restaurants avec terrasses Via Roma et alentour. On y accède par un tunnel situé à quelques centaines de mètres après la gare ferroviaire.

Explorer

# Monterosso

*Le village le plus occidental des Cinque Terre est aussi le plus facile d'accès en voiture et le seul à posséder une plage digne de ce nom. Quoique charmant, il est peut-être moins pittoresque que ses voisins. Réputé pour ses citronniers et ses anchois, il se compose de deux quartiers distincts – l'un ancien, l'autre plus récent – reliés par un passage souterrain sous le promontoire San Cristoforo, battu par les vents.*

## Notre sélection

- ***Convento dei Cappuccini (p. 70)**. Retournez des siècles en arrière dans ce couvent médiéval dominant la côte.*
- ***Santuario della Madonna di Soviore (p. 76)**. Prenez de la hauteur en rejoignant un sanctuaire perché au-dessus du village, dans la forêt.*
- ***Il Massimo della Focaccia (p. 75)**. Savourez, sur la plage rocheuse de Monterosso, une part de délicieuses focaccias tout juste sorties du four.*
- ***Enoteca Internazionale (p. 78)**. Découvrez les Cinque Terre à travers les vins de cette boutique doublée d'un café en terrasse.*
- ***Fabbrica d'Arte Monterosso (p. 78)**. Admirez les céramiques et autres souvenirs fabriqués et vendus dans cet atelier niché dans une ruelle.*

## Comment y aller et circuler

Monterosso est desservi par les Cinque Terre Express de Trenitalia.

Monterosso dispose du plus grand parking des cinq villages.

**Plan de Monterosso p. 74**

Plage de Monterosso NICOLE CONSOLI/EYEEM/GETTY IMAGES ©

Les incontournables

## Convento dei Cappuccini

*Perché sur son promontoire, le couvent des frères capucins domine Monterosso depuis plus de quatre siècles, et reste pour le village un lieu essentiel et apprécié. L'ascension, abrupte mais courte, offre de magnifiques points de vue et l'occasion d'admirer l'intérieur d'une superbe église recelant de surprenantes œuvres d'art, dont un somptueux Van Dyck.*

PLAN P. 74, B5

Salita San Cristoforo

## Chiesa di San Francesco

De loin, on croirait que la façade est en marbre. Il s'agit en réalité d'un trompe-l'œil en stuc rayé de noir et blanc. À l'intérieur, sur la gauche, est exposé l'un des plus grands trésors du monastère : une *Crucifixion* attribuée au peintre flamand Van Dyck, qui a passé de nombreuses années sur la Riviera italienne. Ce chef-d'œuvre représente le Christ flanqué de deux silhouettes d'une grâce infinie. N'hésitez pas à débourser 1 € pour en voir les détails en pleine lumière. Remarquez le crâne au pied de la croix, le réalisme des personnages, et l'éclipse du Soleil sur la droite.

## Cimetière

On accède au cimetière du village en continuant de gravir la colline depuis l'église. À cet endroit s'élevait autrefois un château du XIe siècle entouré de solides murailles qui le protégeaient des attaques de pirates. Aujourd'hui, villageois et prêtres de la paroisse reposent parmi les murs en ruine. Quelques beaux monuments se dressent vers le ciel. Si vous continuez l'ascension en traversant le cimetière, vous atteindrez un autre point de vue.

## Saint François et le loup

En montant vers le couvent, à l'endroit où un superbe point de vue s'ouvre sur la mer, vous découvrirez la statue en bronze de saint François d'Assise en compagnie d'un loup (photo page ci-contre). L'un de son bras, l'autre de sa patte indiquent une portion de la côte où la montagne se jette dans la mer et où sont visibles chacun des villages des Cinque Terre.

### ★ À savoir

- Adoptez une attitude respectueuse lorsque vous visitez l'église, et plus encore le cimetière. Abstenez-vous de boire et de manger ; pique-niquer dans le cimetière est strictement *vietato* (interdit) !
- On peut accéder au couvent à partir du centre ancien de Monterosso ou directement depuis la gare – il suffit alors d'emprunter le sentier côtier au lieu de pénétrer dans le tunnel.

### Une petite pause ?

Si vous venez du quartier récent, arrêtez-vous à Il Massimo della Focaccia (p. 75), qui sert d'excellentes focaccias et d'autres en-cas.

Dans la vieille ville, San Martino Gastronomia (p. 75) propose une courte carte de plats du jour immanquablement délicieux.

# Monterosso

*Cette balade vous révélera de beaux points de vue sur la plage, puis vous emmènera dans la partie récente de Monterosso, et enfin dans le lacis de ruelles de son minuscule centre historique. Vestiges de la Seconde Guerre mondiale, église médiévale et panoramas depuis le sommet d'une colline sont également au programme.*

## La promenade

**Départ** Statua del Gigante ; Monterosso

**Arrivée** Via Roma ; Monterosso

**Distance** 2,2 km

**Durée** 2 heures

### ❶ Statua del Gigante

Partez de la partie ouest de Monterosso – la plus récente. Accrochés à une petite falaise bordant la plage se dressent les vestiges d'un Neptune de 14 m, la statue du Géant, érigée en 1910 pour soutenir la partie de la Villa Palatine tournée vers le large. Le dieu de la Mer, symbole autrefois beaucoup photographié de Monterosso, a souffert du passage des ans.

### ❷ Promenade

En poursuivant vers l'est, vous atteindrez la promenade qui surplombe la mer et offre une belle vue sur la plage de galets qui se remplit de vacanciers en été. N'hésitez pas à vous installer à la terrasse d'un café, ou à savourer une glace, un expresso ou une part de focaccia en continuant vers l'est.

### ❸ Blockhaus

Prenez ensuite le chemin vers la droite – et non le tunnel. Des escaliers descendent jusqu'à un restaurant ; juste derrière se trouve un vieux blockhaus construit par les Allemands pour repousser une invasion alliée lors de la Seconde Guerre mondiale. Marchez prudemment si vous vous en approchez.

### ❹ Monumento di San Francesco d'Assisi

Empruntez les escaliers qui montent sur la falaise et tournez à droite vers la statue de saint François d'Assise et du loup dominant un magnifique panorama. Par temps clair, on voit chacun des villages des Cinque Terre.

### ❺ Convento dei Cappuccini

Poursuivez votre chemin jusqu'au couvent des Capucins (p. 70). L'église aux rayures noires et blanches date du XVIIe siècle et renferme une crucifixion attribuée au peintre Van Dyck, ainsi que d'autres œuvres remarquables, dont le *Christ moqué* de Bernardo Castello et la *Veronica* de Bernardo Strozzi.

### ❻ Chiesa San Giovanni Battista

En descendant vers le village, arrêtez-vous auprès d'un trésor architectural plus ancien encore, la Chiesa San Giovanni Battista (p. 75), elle aussi rayée. Cette église gothique du début du XIVe siècle abrite plusieurs œuvres notables, dont une *Madonna del Rosario* attribuée à l'école de Luca Cambiaso.

### ❼ Via Roma

Terminez cette flânerie au cœur du vieux Monterosso, dans la très animée Via Roma, bordée de boutiques, de restaurants et de bars à vins. Offrez-vous un verre des meilleurs crus des Cinque Terre à l'Enoteca Internazionale (p. 78), dont la terrasse est parfaite pour observer la vie du village.

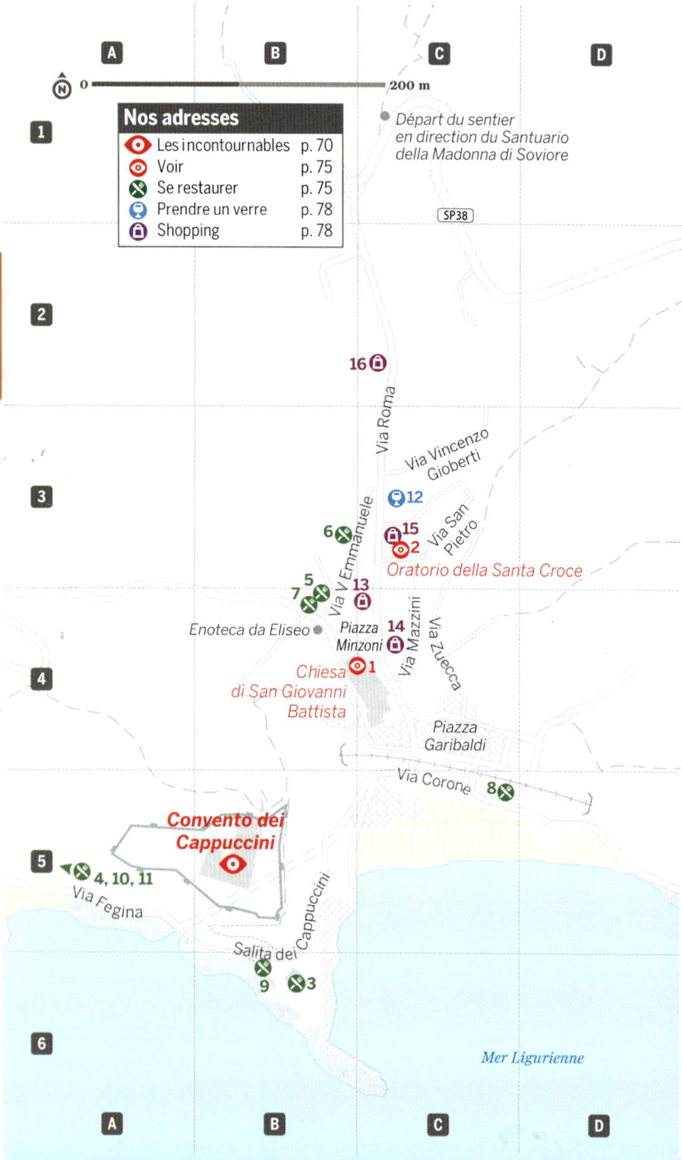
A
B
C
D
0
200 m
Nos adresses
Les incontournables p. 70
Voir p. 75
Se restaurer p. 75
Prendre un verre p. 78
Shopping p. 78
Départ du sentier en direction du Santuario della Madonna di Soviore
SP38
1
2
3
4
5
6
16
Via Roma
Via Vincenzo Gioberti
12
6
Via V. Emmanuele
15
2
Via San Pietro
Oratorio della Santa Croce
5
7
13
Enoteca da Eliseo
Piazza Minzoni
14
Via Mazzini
Via Zuecca
Chiesa di San Giovanni Battista
1
Piazza Garibaldi
Via Corone
8
Convento dei Cappuccini
4, 10, 11
Via Fegina
Salita dei Cappuccini
9
3
Mer Ligurienne

## Voir

### Chiesa di San Giovanni Battista

ÉGLISE

1 PLAN P. 74, C4

Cette église, l'une des plus anciennes des Cinque Terre, possède une façade rayée datant de 1307. Les marbres blanc et vert foncé, ainsi que la grande rosace sculptée comme de la dentelle sont caractéristiques du style gothique ligure. Au-dessus de l'entrée, une fresque représente saint Jean Baptiste.

Deux plaques sur le côté de l'édifice indiquent le niveau atteint par l'eau lors des inondations de 1966 et 2011. À l'intérieur de l'église, des photos révèlent les dégâts subis en octobre 2011. (Via Roma 12)

### Oratorio della Santa Croce

SITE CHRÉTIEN

2 PLAN P. 74, C3

Cet oratoire était le siège de l'une des deux confréries (associations dédiées aux œuvres charitables) actives à Monterosso du XVe au XVIIe siècle. Les membres de la confrérie Santa Croce portaient des robes blanches, aidaient les malades et les pauvres, et géraient un hôpital dans le village. La petite église possède des éléments baroques, dont la somptueuse fresque dominant l'autel. Près de l'orgue, le modèle réduit d'un bateau à voiles semble flotter dans les airs. (Via San Pietro 8)

## Se restaurer

### Torre Aurora

LIGURE €€€

3 PLAN P. 74, B6

Cette tour du XIIIe siècle dont la terrasse surplombe la mer offre l'emplacement le plus mémorable pour dîner à Monterosso. La cuisine s'accorde parfaitement à la vue : fruits de mer préparés avec soin (pâtes à l'encre de seiche et aux anchois), délicieux bœuf Fassone élevé en plein air et excellents vins. C'est aussi une bonne adresse pour un *aperitivo* ou un verre de fin de soirée (le bar est ouvert jusqu'à minuit en été). (366 1453702 ; www.torreauroracinqueterre.com ; Via Bastione 5 ; repas 50-60 € ; midi-22h30 avr-oct)

### Il Massimo della Focaccia

CUISINE DE RUE €

4 PLAN P. 74, A5

Situé juste au-dessous de la gare, cet établissement photogénique de restauration à emporter concocte les meilleures focaccias des Cinque Terre, garnies de pesto, de tomates et d'olives, d'oignons doux ou encore de fromage. Sans oublier la *torta*, sorte de tarte salée, et quelques desserts. (Via Fegina 50 ; focaccia 2-5 € ; 9h-18h jeu-mar)

### San Martino Gastronomia

LIGURE €

5 PLAN P. 74, B4

Avec son menu changeant inscrit à la craie et ses quelques tables réservées aux chanceux (la plupart

### Santuario della Madonna di Soviore

Au départ de la Via Roma, suivez le sentier n°509 qui grimpe à travers la forêt. Après les ruines d'une chapelle hexagonale, un **ancien chemin muletier pavé** (plan p. 74, C1) mène à Soviore, le plus vieux sanctuaire de la Riviera italienne (XIe siècle), d'où le regard porte jusqu'à la Corse par temps clair. Il y a sur place un bar et un restaurant. Comptez deux heures de marche pour atteindre le sanctuaire.

Pour trouver le sentier, remontez toute la Via Roma, puis, juste après le rond-point, empruntez les escaliers balisés qui partent sur la gauche.

des habitants commandent à emporter), San Martino est l'endroit tout indiqué pour se régaler de produits frais du marché à un prix raisonnable. Parmi les favoris : *linguine* aux fruits de mer, espadon grillé et *pansotti* (pâtes farcies) aux noix. (346 1860764 ; Via San Martino 3 ; plats 9-13 € ; midi-15h et 18h-20h30 mar-dim)

## Trattoria da Oscar

PRODUITS DE LA MER **€€**

6 PLAN P. 74, B3

En retrait de la Piazza Matteoti, au cœur de la vieille ville, la petite salle voûtée et le personnel jeune et sympathique séduisent une clientèle locale d'habitués. Les fameux anchois de Monterosso dominent la courte carte, qui comporte aussi d'excellents gnocchis au pesto, spaghettis aux fruits de mer et espadon grillé. Quelques tables agréables à l'extérieur. Réservation recommandée. Pas de cartes bancaires. (345 8714789 ; Via Vittorio Emanuele 67 ; repas 32-42 € ; midi-14h30 et 19h-21h30 ven-mer)

## Da Eraldo

LIGURE **€**

7 PLAN P. 74, B4

Ce restaurant familial est l'un des plus animés du village. On y dîne sur des nappes à carreaux blancs et rouges et sous des arches en brique, avec Andrea Bocelli en fond sonore. Au-delà des clichés, la cuisine maison – héritée des grands-mères du village – est simple et bonne, les portions sont copieuses, et les prix plus que corrects. (366 3388440 ; Piazza Giacomo Matteotti 6 ; repas 22-34 € ; midi-14h30 et 18h30-21h30 ven-mer)

## Ristorante Belvedere

PRODUITS DE LA MER **€€**

8 PLAN P. 74, C5

Une adresse sans prétention pour goûter les fruits de la pêche locale en contemplant les flots. Commencez par des *penne con scampi*, avant d'attaquer la zuppa *di pesce* (soupe de poisson). La spécialité ici est l'*anfora*

*Belvedere* (49 € pour deux personnes), du nom du plat de terre (en forme d'amphore) où sont cuits dans un bouillon aux herbes homard, moules, clams, poulpe et espadon. (☎ 0187 81 70 33 ; www.ristorante-belvedere.it ; Piazza Garibaldi 38 ; repas 30-40 € ; ⏲ midi-14h30 et 19h-21h30 mer-lun)

### L'Ancora della Tortuga

LIGURE **€€**

**9** PLAN P. 74, B6

Perché sur une falaise au-dessus des vagues, ce restaurant établi de longue date sert des pâtes aux fruits de mer, des poissons grillés et des viandes rôties de grande qualité, dans une salle aux murs de pierre confortable, décorée sur un thème marin. On peut aussi dîner sur la terrasse au-dessus. (☎ 0187 80 00 65 ; www.ristorantetortuga.it ; Salita dei Cappuccini 4 ; repas 40-60 €, menu 40 € ; ⏲ 12h30-15h30 et 18h30-21h30 mar-dim mars-oct)

### Miky

PRODUITS DE LA MER **€€€**

**10** PLAN P. 74, A5

Si vous cherchez une adresse un peu plus élégante qu'une friterie de front de mer, rendez-vous au Miky, qui sert des poissons de saison dans une agréable salle moderne. Réservation recommandée. Si la salle est pleine, vous pourrez toujours vous installer aux tables en bord de plage de la *cantina* (bar à vins). Demandez le chemin. (☎ 0187 81 76 08 ; www.ristorantemiky.it ; Via Fegina 104 ; repas 55-80 € ; ⏲ midi-14h30 et 19h-22h mer-lun avr-oct)

**Chiesa di San Giovanni Battista (p. 75)**

AJBORGES/SHUTTERSTOCK ©

### Enoteca da Eliseo

Dans une ruelle à l'écart, ce **bar à vins** (plan p. 74, B4 ; 0187 81 73 08 ; www.enotecadaeliseo.com ; Piazza Giacomo Matteotti 3 ; 14h-23h mer-lun) tenu depuis les années 1980 par un couple sympathique, Eliseo et Mary, est un endroit charmant pour boire un verre. Installez-vous à une table extérieure et découvrez leur remarquable sélection de vins, grappas et autres alcools. Le Spritz au citron (à base de *limoncino* local) est rafraîchissant à souhait par grande chaleur.

### Slurp!

GELATERIA €

11 PLAN P. 74, A5

Impossible de ne pas faire une halte à Slurp! sur la promenade qui longe la plage ! Les glaces maison sont proposées dans une grande variété de parfums, dont la spécialité locale *crema al limone di Monterosso* (crème de citron). (Via Fegina 86 ; glace 2,20-3,20 €)

## Prendre un verre

### Enoteca Internazionale

BAR À VINS

12 PLAN P. 74, C3

Ce magasin de vins familial est idéal pour découvrir les crus de la région des Cinque Terre. Plusieurs formules de dégustation sont proposées pour expérimenter quelques-unes des 500 variétés de vins vendues dans la boutique. S'il fait beau, installez-vous à la petite terrasse pour savourer un verre de vin (4,50 à 6 €) ou une séance de dégustation (15 à 25 €), éventuellement accompagnée d'un repas. (0187 81 72 78 ; www.enotecainternazionale.com ; Via Roma 62 ; midi-minuit avr-oct)

## Shopping

### Fabbrica d'Arte Monterosso

ARTISANAT

13 PLAN P. 74, C4

Les belles poteries exposées dans cette boutique de la Via Roma sont fabriquées par plusieurs générations d'une même famille. Vases, bols, carafes, plats et carreaux décoratifs sont ornés d'élégants motifs – le mince plat de service en forme d'anchois constitue un beau souvenir. Également une sélection de bijoux et des articles en lin imprimés à la main (serviettes de table, serviettes de plage, nappes et chemins de table).

Une autre enseigne, plus petite, se situe au Via Vittorio Emanuele 27. (0187 81 74 88 ; www.fabbricadarte.com ; Via Roma 9 ; 10h-19h mars-mai et sept-oct, 10h-22h juin-août)

### Enoteca Ciak

ÉPICERIE

14 PLAN P. 74, C4

Située à l'entrée de la partie ancienne du village, Ciak est une

CAROL BARRINGTON/ALAMY STOCK PHOTO ©

Enoteca Ciak

bonne adresse pour faire le plein de denrées de qualité : huiles d'olive, pâtes, *limoncino* (liqueur de citron), et l'une des meilleures sélections de vins de Monterosso. Également quelques souvenirs non comestibles, comme des poteries. La plupart des produits sont d'origine locale (ou régionale). (Via Roma 4 ; 9h-21h)

## Lanapo

CHAUSSURES

15 PLAN P. 74, C3

Cette boutique semble avoir été téléportée dans une rue pavée de Monterosso depuis Milan ! Rien d'étonnant, vu les origines milanaises de la créatrice Federica Napoletano. De fabrication artisanale, les sandales Lanapo ont figuré dans de nombreux magazines de mode. Elles s'adaptent aussi bien à la sophistication urbaine qu'à la détente en bord de mer. (347 3071570 ; www.lanapo.it ; Via Roma 48 ; 11h-18h30 mi-avr à mai et sept-oct, 11h-21h juin-août)

## Five Lands

ÉPICERIE

16 PLAN P. 74, C2

Petit mais pratique, ce magasin de chaîne vend tout le nécessaire pour un pique-nique gourmet : fromages, charcuteries, vins, bières artisanales, quelques fruits de saison, en-cas et appétissante vitrine d'antipasti. (Via Roma 61 ; 8h30-20h30 lun-sam, 8h30-19h30 dim avr-sept, 9h-19h oct-mars)

Randonnée

# Sentiero Azzurro – de Monterosso à Vernazza

*Cet itinéraire populaire suit le tracé d'un sentier ancestral reliant Monterosso à Vernazza. Court mais escarpé par endroits, le Sentiero Azzurro (Sentier bleu) traverse un paysage splendide : vignes et oliveraies en terrasses, montagnes tombant dans la mer azur, et deux villages aux couleurs pastel que l'on croirait tout droit sortis d'un livre.*

## Comment y aller

Prenez le train jusqu'à Monterosso ; le reste se fait à pied. La Cinque Terre Card (encadré p. 92) est nécessaire pour accéder au sentier.

## ❶ Monterosso

En sortant de la gare de Monterosso, tournez à gauche pour rejoindre le sentier. Empruntez le passage souterrain pour piétons et voitures menant à la partie ancienne du village, puis poursuivez sur la route principale qui longe la plage. La route, qui se rétrécit, continue sur la colline et arrive juste au bord de l'eau. Vous profiterez de beaux panoramas avant même d'atteindre le départ officiel du sentier ; retournez-vous pour admirer la vue de carte postale sur le village niché entre la plage et les collines verdoyantes.

## ❷ Vignobles et escaliers

Le départ du sentier est à 400 m du village ; là, si ce n'est pas encore fait, vous devrez acheter un pass d'accès (paiement en espèces uniquement ; encadré p. 92). L'ascension démarre en douceur, parmi les vignobles, avec de temps à autre un point de vue sur Monterosso derrière vous. Puis les choses sérieuses commencent, avec les premières volées de marches (le parcours en compte plus de 500). Guettez le panneau indiquant Vétua, petit vignoble familial de 0,6 ha. Les cépages bosco, albarola et vermentino y sont cultivés pour composer des vins blancs DOC classiques des Cinque Terre. À Vétua sont aussi produits des citrons, des artichauts, des câpres et des plantes aromatiques – le tout dans le respect de l'environnement.

## ❸ Généreuse nature

En poursuivant l'ascension vers l'intérieur des terres, vous serez frappé par la luxuriance du paysage – les murets couverts de mousse, les glycines exubérantes, les ruisseaux qui traversent le chemin et dont on franchit les eaux vives par des ponts de pierre. On découvre depuis le sentier la vallée fertile qui s'étend vers l'intérieur, avec son patchwork de fermes bordé

### ★ À savoir

- Bien que court (3,4 km), ce sentier est éprouvant, et comporte de longues ascensions et de nombreuses marches.
- Prévoyez de bonnes chaussures de marche, car certains passages peuvent être glissants (roches instables, écoulements d'eau). Évitez de randonner par mauvais temps ; consultez la météo avant le départ.
- Prenez de l'eau (vous n'en trouverez pas sur le trajet), un chapeau et de la crème solaire ; certaines parties du trajet ne sont pas ombragées.

### ✕ Une petite pause ?

Avant de partir, procurez-vous un en-cas tout juste sorti du four au Il Massimo della Focaccia (p. 75).

Une fois arrivé à Vernazza, offrez-vous une glace à Il Porticciolo (p. 93), sur le port.

de hautes collines verdoyantes. On longe des champs d'oliviers et de figuiers, des étendues de fleurs sauvages où se perdent quelques cactus, et des haies de mûriers sauvages.

## ❹ Paysage côtier

Le sentier rejoint la côte à mi-chemin environ ; la vue sur la mer est alors spectaculaire. On entend le fracas des vagues et l'on sent la brise marine chargée des parfums de la végétation méditerranéenne. Le paysage sauvage contraste avec les terrains soignés que l'on vient de traverser. On contemple à perte de vue la saisissante plongée des montagnes abruptes dans l'écume des vagues. La falaise est parfois à pic, avancez avec précaution. Gardez les enfants près de vous.

## ❺ Village en vue

Le plus dur de l'ascension est derrière vous ! Le reste de l'itinéraire ne comporte que des montées et descentes modérées. Vous pourrez donc profiter pleinement de l'envoûtante perspective sur Vernazza, qui apparaît et disparaît au gré du sentier serpentant à flanc de falaise. À première vue, le village côtier semble sorti d'un conte de fées avec ses constructions pastel blotties entre d'imposantes montagnes s'élevant presque à la verticale. Les détails se précisent peu à peu ; à l'arrière-plan des bâtiments du port serrés les uns contre les autres se détache la silhouette géométrique d'une tour médiévale perchée sur la falaise. La minuscule plage, sur laquelle veille le clocher de l'église, jouxte une

place que l'on distingue à peine sous les parasols jaunes, rouges, bleus et verts des restaurants et cafés. Derrière le front de mer, les vignes en terrasses tapissent le versant qui domine le village.

## ❻ Vernazza

À l'approche du village (photo p. 80) dominent à nouveau les parcelles cultivées si caractéristiques des Cinque Terre. Oliveraies, vignobles, champs de citronniers et potagers s'épanouissent derrière les murets qui bordent le sentier. Vous entendrez peut-être le son des cloches de l'église ou les cris des enfants jouant dans l'eau. L'atmosphère de la vie du village se révèle plus nettement, comme le linge qui sèche sous les volets vert foncé, tout juste entrebâillés pour laisser entrer l'air marin. Voilà à présent le guichet destiné aux marcheurs qui effectuent le trajet dans l'autre sens, en direction de Monterosso. Vous êtes alors au niveau du dôme de Santa Margherita d'Antiochia. De là, juste au-dessus de l'église, le panorama sur Vernazza est parfait ; nombreux sont ceux qui, sans emprunter le sentier, viennent jusque-là pour admirer la vue.

### De bon matin

Ce sentier étant l'un des seuls chemins côtiers reliant les villages, il est malheureusement très fréquenté. On est parfois ralenti dans les passages les plus étroits, lorsqu'il faut attendre pour laisser passer les randonneurs progressant dans l'autre sens. Afin d'éviter le gros de la foule, il est conseillé de se mettre en route tôt le matin ; c'est entre 10h et 16h qu'il y a le plus de monde.

## ❼ Sur le port

Après l'église, le sentier tourne et rejoint la Via Ettore Vernazza. Pour conclure en beauté le périple, empruntez le premier escalier qui descend sur la droite. Il mène à la Piazza Guglielmo Marconi, qui s'ouvre sur la mer. Vous pouvez y prendre un verre ou un repas, ou vous rafraîchir avec une glace, assis sur le brise-lames face à l'un des panoramas les plus séduisants des Cinque Terre. Jetez un coup d'œil à l'intérieur de la Chiesa di Santa Margherita d'Antiochia (p. 91), non loin du front de mer. Cette charmante église de style gothique ligure est l'une des plus belles de la côte.

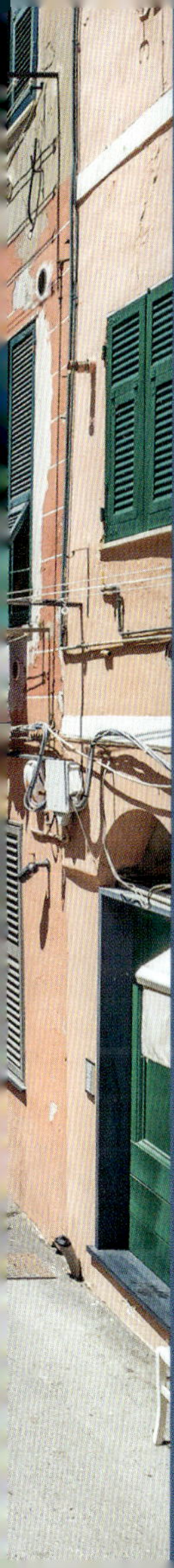

Explorer

# Vernazza

*Seul point d'amarrage sûr des Cinque Terre, le petit port de Vernazza veille sur le plus pentu des cinq villages et sans doute le plus pittoresque. Bordée de cafés, la grand-rue pavée (la Via Roma) relie la Piazza Marconi, en bord de mer, à la gare ferroviaire. Les rues latérales conduisent aux caruggi (ruelles) typiques de la région, dévoilant à chaque tournant une vue magnifique sur les flots.*

## Notre sélection

- ***Port de Vernazza (p. 86)**. Prenez le temps d'observer les bateaux, la plage et la superbe côte.*
- ***Chiesa di Santa Margherita d'Antiochia (p. 91)**. Remontez les siècles dans cette envoûtante église de style gothique ligure.*
- ***Belforte (p. 91)**. Savourez l'excellente cuisine en contemplant le coucher du soleil depuis des fortifications du XIe siècle.*
- ***Gocce di Byron (p. 94)**. Découvrez les intrigants parfums inspirés par les paysages enchanteurs de la Ligurie.*
- ***Burgus Bar (p. 93)**. Dégustez un bon vin des Cinque Terre en profitant de la vue sur la Piazza Marconi et sur la plage.*

## Comment y aller et circuler

Vernazza est sur la ligne principale du Cinque Terre Express de Trenitalia.

Plan de Vernazza p. 90

Village de Vernazza ANIBAL TREJO/SHUTTERSTOCK ©

Les incontournables

# Port de Vernazza

*Seul port naturel des Cinque Terre, Vernazza jouit d'une vue splendide sur la mer et d'excellentes opportunités d'activités de plein air, que vous préfériez paresser au soleil sur la minuscule plage, faire une excursion en bateau, ou juste savourer la pêche du jour avec un verre de vin local à une terrasse de restaurant au bord de l'eau.*

PLAN P. 90, C2

Le long de la Via Visconti

## Piazza Marconi

Cette place pittoresque donnant sur la mer est le centre du village. Par beau temps, les terrasses des cafés et restaurants se remplissent d'amateurs de cocktails ou de produits de la mer de toute première fraîcheur. C'est ici que l'on trouve les meilleures glaces de Vernazza, à déguster sur le brise-lames qui délimite la place.

## Plage

La minuscule plage qui borde la place se remplit aux beaux jours. Les eaux sont généralement calmes ; les barques amarrées dansent paisiblement sur les flots, tandis que les enfants pataugent dans l'eau fraîche. On peut louer des kayaks et des bateaux à moteur, et réserver des excursions au départ de Vernazza.

## Se baigner et paresser

En empruntant le passage étroit qui longe l'église au bord de l'eau, vous atteindrez une zone de pierres plates où vous pourrez aussi prendre le soleil, à moins que vous ne préfériez barboter en regardant passer les trains au-dessus du haut mur en pierre léché par les vagues.

## Via Visconti

Le port se situe à l'extrémité ouest de la Via Visconti, la grand-rue de Vernazza. Cette voie pavée animée recèle toutes sortes d'attraits, notamment de la bonne cuisine de rue à savourer au bord de l'eau – glaces, parts de focaccias ou cônes de fritures de produits de la mer. En s'éloignant du port, la rue devient la Via Roma et compte de plus en plus de boutiques indépendantes vendant aussi bien des parfums locaux que des vêtements de plage à la mode.

### ★ À savoir

- Appréciez le calme dans lequel est plongé le port le matin.
- Réservez une table extérieure dans un restaurant d'où vous pourrez contempler le coucher du soleil dans la mer – une vision magique !
- Combinez votre visite avec une sortie en bateau qui vous permettra de voir les splendeurs de la côte depuis la Méditerranée.

### Une petite pause ?

Le Burgus Bar (p. 93) est un lieu détendu où découvrir d'excellents vins et cocktails en terrasse, tout en profitant de l'animation du village.

Rien de tel qu'une glace au bord de la mer par un jour ensoleillé ! Celles d'Il Porticciolo (p. 93) sont succulentes.

Promenade à pied

# Vernazza

*Cette jolie promenade dans Vernazza passe le long de bâtiments historiques. Elle emprunte la grand-rue animée, puis les paisibles ruelles dominant le centre du village. Préparez votre appareil photo car les points de vue sont nombreux sur le port, le village et la côte découpée qui le jouxte. À faire de préférence tôt le matin ou en fin d'après-midi, pour éviter les visiteurs à la journée.*

## La promenade

**Départ** Piazzetta dei Caduti ; Vernazza

**Arrivée** Via E Vernazza ; Vernazza

**Distance** 1,5 km

**Durée** 1 à 2 heures

## ❶ Piazzetta dei Caduti

Juste au-dessus de la gare, la minuscule Piazzetta dei Caduti rassemble des jeunes parents et des personnes âgées cherchant à se mettre à l'écart de l'animation du port. Dans un coin de la place s'élève un monument dédié aux victimes des guerres mondiales ; leurs noms sont inscrits sur une plaque en marbre. Une meule témoigne de la présence passée d'un moulin à eau.

## ❷ Torrente Vernazzola

Continuez à monter jusqu'au Torrente Vernazzola. Ce torrent qui s'écoule doucement était autrefois beaucoup plus large ; les habitants y faisaient leur lessive. Il est aujourd'hui bordé d'immeubles d'appartements modernes. Plusieurs petits ponts le franchissent.

## ❸ Via Roma

Descendez jusqu'au cœur de Vernazza par la Via Roma, ruelle sinueuse bordée de boutiques, de restaurants et de cafés. Juste après la gare, une affiche témoigne des dégâts provoqués par les inondations d'octobre 2011. Plus loin, une chapelle en pierre est consacrée à sainte Marthe.

## ❹ Front de mer

Au bout de la Via Roma, vous rejoindrez une place ouverte bordée de restaurants. Les tables installées au bord de l'eau jouissent d'une vue de carte postale sur les bateaux amarrés dans le port, avec les collines ondoyantes et la mer en toile de fond.

## ❺ Chiesa di Santa Margherita d'Antiochia

Traversez la place et montez par l'escalier jusqu'à la Chiesa di Santa Margherita d'Antiochia (p. 91). Cette belle église de style gothique ligure date du XIVe siècle. L'intérieur, austère, jouit d'une atmosphère particulière due à ses murs en pierre et à ses fenêtres étroites.

## ❻ Castello Doria

Prenez l'escalier sur la gauche et suivez les panneaux indiquant le Castello Doria (p. 91). Cette tour imposante contribuait au Moyen Âge à la protection de la ville contre les invasions venues de la mer. Du sommet, la vue sur Vernazza est remarquable.

## ❼ Via Guidoni

Empruntez la Via Guidoni, ruelle parallèle à la Via Roma et caractéristique du vieux Vernazza : habitations entassées, jardinières de fleurs et cordes à linge.

## ❽ Point de vue

Prenez le virage serré sur la gauche et descendez par les escaliers jusqu'à la Via Roma, traversez-la et continuez par les escaliers (Via E Vernazza). Vous arriverez au-dessus de l'église à un point de vue sur le port et les vignes en terrasses entourant le village.

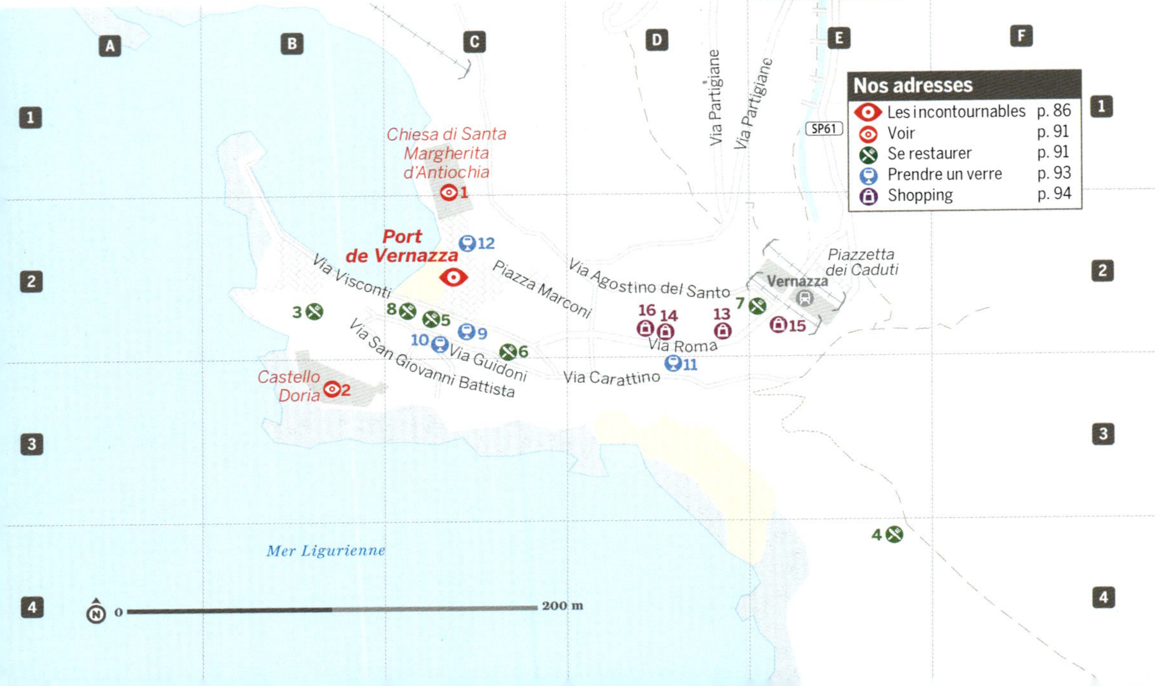
Nos adresses
Les incontournables p. 86
Voir p. 91
Se restaurer p. 91
Prendre un verre p. 93
Shopping p. 94
Chiesa di Santa Margherita d'Antiochia
1
Port de Vernazza
12
Piazza Marconi
Via Visconti
Via Agostino del Santo
Piazzetta dei Caduti
Vernazza
Via Partigiane
Via Partigiane
SP61
3
8
5
9
10
6
16
14
13
7
15
Via Roma
11
Via Carattino
Via Guidoni
Via San Giovanni Battista
Castello Doria
2
4
Mer Ligurienne
0
200 m
A
B
C
D
E
F
1
2
3
4

# Voir

## Chiesa di Santa Margherita d'Antiochia ÉGLISE

1 PLAN P. 90, C1

Le front de mer est dominé par cette modeste église de style gothique ligure, édifiée en 1318 sur un promontoire à l'emplacement d'un bâtiment de style roman du XIe siècle. Elle doit sa construction à une légende selon laquelle les ossements de sainte Marguerite auraient été trouvés dans un coffre échoué sur une plage voisine. Remarquez son clocher octogonal de 40 m coiffé d'un dôme.

L'église renferme plusieurs tableaux du XVIIe siècle et un crucifix en bois attribué à Anton Maria Maragliano. La vue depuis les étroites ouvertures en arc est remarquable. (Piazza Matteotti)

## Castello Doria CHÂTEAU

2 PLAN P. 90, B3

Ce château, la plus ancienne fortification subsistant dans les Cinque Terre, préside à une vue magnifique. Datant de l'an mille, il est presque entièrement en ruine, à l'exception de la tour circulaire au centre de l'esplanade. Pour y accéder, gravissez l'escalier étroit et très raide qui part près du port. (En retrait de la Via Guidoni ; 1,50 € ; 10h-21h mai-août, 10h-19h sept-avr)

## Santuario della Madonna di Reggio

Partant sous le pont ferroviaire de Vernazza, le sentier n°508 gravit de nombreuses volées de marches et passe devant 14 stations de croix sculptées pour arriver à une chapelle du XIe siècle à la façade romane. Comptez 45 minutes environ.

# Se restaurer

## Belforte PRODUITS DE LA MER €€€

3 PLAN P. 90, B2

Institution de Vernazza depuis plus de 50 ans, ce restaurant sert d'excellentes spécialités de la mer dans un château du XIe siècle. Dînez à l'intérieur entre les épais murs de pierre ou profitez de la vue et de l'air marin sur l'une des terrasses. Les prix sont élevés, mais les clients ne sont généralement pas déçus. Pensez à réserver. (0187 81 22 22 ; www.ristorantebelforte.it ; Via Guidoni 42 ; repas 35-55 € ; midi-15h et 19h-22h mer-lun)

## La Torre PRODUITS DE LA MER €€

4 PLAN P. 90, E4

Située dans un chemin piétonnier à flanc de colline, La Torre sert des *trofie al pesto* (pâtes fines au pesto) à la génoise, des spaghettis aux fruits de mer, des moules farcies et d'autres plats traditionnels. Son principal atout

## Cinque Terre Card

La Cinque Terre Card est intéressante si vous prévoyez de randonner de village en village.

Il existe deux formules, avec ou sans train, incluant toutes deux un accès illimité aux sentiers de randonnée et aux bus de village électriques, ainsi qu'aux manifestations culturelles. La carte de base pour 1/2 jours, à partir de 4 ans, coûte 7,50/14,50 €. Celle incluant les trajets illimités en train entre les bourgades coûte 16/29 €. La carte familiale d'une journée pour deux adultes et deux enfants (moins de 12 ans) coûte 42/20 €, avec/sans l'accès aux trains.

Les cartes s'achètent dans les bureaux du parc national et dans les gares. Il est aussi possible de payer l'accès au départ de chaque sentier (paiement en espèces).

reste le point de vue offert par sa longue terrasse. Un excellent lieu pour un cocktail au coucher du soleil. Paiement en espèces uniquement.

Toutes les tables étant en extérieur, le restaurant ferme par mauvais temps. (☎ 331 8836610 ; Via Carattino 64 ; repas 35-40 € ; 11h-22h)

### Gambero Rosso

PRODUITS DE LA MER **€€**

**5** PLAN P. 90, C2

Pour changer de la focaccia, rien ne vaut les spécialités de la maison : le *tegame di Vernazza* (anchois avec pommes de terre et tomates au four), le poulpe grillé et les moules farcies. Le poisson frais cuit dans du sel de mer est également fabuleux, et la situation sur le front de mer ne gâche rien. Réservation recommandée. (☎ 0187 81 22 65 ; www.ristorantegamberorosso.net ; Piazza Marconi 7 ; repas 35-45 € ; midi-15h et 19h-22h ven-mer)

### Gianni Franzi

PRODUITS DE LA MER **€€**

**6** PLAN P. 90, C2

Cette trattoria sur le port sert depuis les années 1960 des spécialités typiques des Cinque Terre (moules, raviolis de la mer et anchois au citron), d'une incroyable fraîcheur. Les tables extérieures offrent un cadre superbe pour se détendre en fin de journée. (☎ 0187 81 22 28 ; www.giannifranzi.it ; Piazza Matteotti 5 ; repas 30-45 € ; 8h-23h jeu-mar mi-mars à déb janv)

### Blue Marlin

CAFÉ **€**

**7** PLAN P. 90, E2

Grâce à ses tables installées dans la grand-rue et à sa bande-son énergique, le Blue Marlin attire un flot constant de locaux et de touristes. On y va le matin pour un croissant, des œufs brouillés ou un cappuccino, ou dans la journée pour de délicieuses focaccias et pizzas, ou pour les plats du jour aux produits de la mer comme les spaghettis aux palourdes ou les *taglierini* noirs à l'espadon. (Via Roma 47 ; repas légers 5-10 €, plats du jour 9-14 € ; 7h-minuit jeu-mar)

### Il Porticciolo

GELATERIA €

8 PLAN P. 90, C2

Idéalement situé sur le front de mer, Il Porticciolo concocte des glaces divines 100% naturelles. Faites votre choix entre les parfums fruités tels que fraise, citron (d'origine locale) et pomme verte, et les autres : yaourt grec (servi avec du miel local), noisette ou *ambrogio* (noix, crème et chocolat). (www.facebook.com/gelateriailporticciolo ; Piazza Marconi 12 ; glace à partir de 2,50 € ; 11h30-23h)

Assiette de fruits de mer, Gambero Rosso

## Prendre un verre

### Burgus Bar

BAR À VINS

9 PLAN P. 90, C2

Voici un charmant petit bar doté de quelques tables donnant sur la plage, de l'autre côté de la Piazza Marconi. On y sert au verre un cru des Cinque Terre DOC, assemblage parfumé de cépages locaux – albarola, bosco et vermetino. Également des pâtisseries pour, des sandwichs et l'*aperitivo*. Bon choix de produits locaux à emporter. (Piazza Marconi 4 ; 9h30-21h mars-mai, 9h30-minuit juin-oct)

### Monkey Artpub

BAR

10 PLAN P. 90, C2

Ce bar de caractère se cache dans une ruelle près du port. L'étagère garnie de bouteilles et savamment éclairée se détache nettement des murs de pierre sombres. De la bonne bière Baladin est servie à la pression. Le sympathique propriétaire parle très bien anglais et n'est pas avare de conseils sur la région. (Via Guidoni 11 ; 11h-23h)

### 5 Terre Bistrot

BAR À VINS

11 PLAN P. 90, D3

Légèrement caché derrière une chapelle dans la grand-rue de Vernazza, ce bar à vins est une bonne adresse pour goûter les meilleurs crus des Cinque Terre. En plus des vins locaux, on y sert des en-cas et des bières de qualité comme la Weihenstephaner.

## Éviter la foule

23

### Choisir le bon moment

De mai à septembre, les villages des Cinque Terre sont bondés de touristes. Si vous y allez pendant cette période, essayez autant que possible d'explorer les lieux tôt le matin ou tard, après le départ des visiteurs à la journée. Passez le milieu de journée sur une plage à l'écart des Cinque Terre ou participez à une excursion (bateau, kayak, snorkeling) afin d'éviter la foule.

### S'attarder le soir

Même en pleine saison estivale, le calme revient dans les villages en fin de journée, après le départ du gros de la foule. Profitez de la douceur des longues soirées d'été pour vous attarder devant un repas (pensez à réserver). Les trains circulant jusqu'à 23h30 ou minuit, vous pouvez facilement vous loger à La Spezia ou à Levanto et rentrer tard le soir. Ayez juste à l'esprit qu'il n'y a plus qu'un train toutes les heures environ après 19h30.

Tables à l'extérieur. (0187 882 10 84 ; Via Roma 44 ; 11h-22h)

### Ananasso Bar

BAR

12 PLAN P. 90, C2

Mieux vaut venir tôt pour trouver une place à la terrasse de ce café à l'atmosphère jeune et détendue, avec vue sur la plage en contrebas. En plus des cocktails, on y sert des en-cas bon marché – focaccias farcies, pizzas et salades. (www.facebook.com/ananasso5terre ; Piazza Marconi ; 8h-23h)

## Shopping

### Gocce di Byron

PARFUMERIE

13 PLAN P. 90, D2

La côte ligure, terre de culture de vignes et de citronniers, inspire les créations de ce parfumeur local. On découvre dans la petite boutique ensoleillée les cinq senteurs phares nommées d'après des lieux des Cinque Terre – Guvano, par exemple, est confectionné à base de musc blanc et de bois de santal. Également des produits de soin pour la peau, des bougies parfumées et des diffuseurs. (www.goccedibyron.it ; Via Roma 35 ; 10h30-19h avr-mai et sept-oct, 10h30-21h juin-août)

### Bottega d'Arte

ART

14 PLAN P. 90, D2

La boutique qui se cache derrière la façade de Bottega d'Arte vend les tableaux d'Antonio Greco, qui a passé son enfance à Vernazza. Ses paysages marins et ses scènes

Enoteca Sciacchetrà

STEFANO POLITI MARKOVINA/ALAMY STOCK PHOTO ©

villageoises évoquent la magie des Cinque Terre. On y trouve aussi des bijoux fabriqués à partir de bijoux anciens en provenance de marchés de toute l'Italie. (www.cinqueterreart.com ; Via Roma 21 ; 10h30-19h)

## Il Talismano

MODE ET ACCESSOIRES

15 PLAN P. 90, E2

Cette boutique de caractère où il fait bon fouiner vend de beaux bijoux (bracelets en corne, boucles d'oreilles anciennes en argent, colliers d'ambre), des sacs en tissus africains et des articles uniques rapportés par le propriétaire de ses nombreux voyages, ainsi que des produits en cuir d'excellente qualité fabriqués en Italie (portefeuilles, sacoches, sacs à main) et des écharpes 100% cachemire d'origine népalaise. (0187 02 81 75 ; www.facebook.com/iltalismanoofficial ; Via Roma 70 ; 10h-22h30 juil-août, 10h-20h30 juin et sept-oct, 10h-18h mars-mai)

## Enoteca Sciacchetrà

ÉPICERIE, VINS

16 PLAN P. 90, D2

Dénichez une bonne bouteille de nebbiolo ou de montepulciano dans ce magasin de vins de la rue principale. On y trouve aussi du *sciacchetrà* (vin doux des Cinque Terre), de l'huile d'olive parfumée à la truffe, du pesto génois, des bonbons au citron, des mortiers et pilons en bois d'olivier, et des liqueurs. (Via Roma 19 ; 10h-19h)

Les incontournables

# Aventures aquatiques

*Il y a bien des façons de profiter des paysages des Cinque Terre depuis la mer : prendre le ferry de village en village, faire une excursion en bateau privé ou une sortie paisible en kayak. La région offre bien sûr des possibilités de baignade et possède des plages aux décors enchanteurs, ainsi que plusieurs îles où l'on peut passer la journée.*

**Bureaux du parc national**

www.parconazionale5terre.it

Pour des informations sur les activités nautiques

Agences situées dans chacune des gares des Cinque Terre

8h-20h été, 8h30-12h30 et 13h-17h30 hiver

## Ferries

Le moyen le plus simple d'aller sur l'eau est le ferry. Hormis Corniglia, tous les villages des Cinque Terre sont desservis par bateau, ainsi que Portofino et Porto Venere, d'où l'on peut rejoindre Lerici et Tellaro. Très empruntés en été, les ferries offrent une belle vue sur la rive – coteaux sinueux, littoral battu par les vagues et vignes en terrasses dominant les villages.

## Excursions et locations de bateau

Si vous préférez les comités réduits, tournez-vous vers les circuits organisés. Vous pouvez aussi louer un bateau que vous piloterez vous-même pour explorer les environs à votre rythme et vous arrêter dans des sites comme la plage de Guvano (p. 99) ou Acquapendente, une charmante cascade située entre Vernazza et Monterosso. Une agence telle que **Crazy Boat Cinque Terre** (☎ 328 9365595 ; www.crazyboatcinqueterre.com) facture environ 100 € de l'heure pour emmener jusqu'à sept passagers.

## Kayak

La côte se prête bien à l'exploration à la rame. On peut louer des kayaks à Monterosso, Vernazza, Manarola et Riomaggiore. Évitez de sortir quand la mer est agitée, et si vous n'êtes pas très à l'aise mieux vaut prendre part à une excursion guidée. Des tour-opérateurs réputés comme **Arbaspàa** (☎ 0187 76 00 83 ; www.arbaspaa.com ; Via Discovolo 252, Manarola ; 👪) organisent des circuits d'une demi-journée ou d'une journée au départ de Monterosso, qui comprennent des haltes sur des plages sauvages pour se baigner ou faire du snorkeling.

## Plages et lieux de baignade

Les Cinque Terre ne sont pas réputées pour leurs plages, mais possèdent pourtant quelques belles étendues où il est possible

### ★ À savoir

- Les ferries sont parfois pris d'assaut en été. Mieux vaut arriver tôt pour éviter la foule.
- Les sorties en kayak sont particulièrement agréables au coucher du soleil.
- Randonner sur l'île de Palmaria permet de profiter de la beauté de la région un peu à l'écart de la foule.
- En été, on peut rejoindre les Cinque Terre en bateau depuis d'autres destinations de Ligurie comme Sestri Levante, Portofino et Gênes.

### Une petite pause ?

A Pié de Mà (p. 131), à Riomaggiore, offre un cadre mémorable pour un verre ou un repas en plein air.

On trouve des glaces délicieuses dans tous les villages des Cinque Terre, mais la palme revient à Il Porticciolo (p. 93), à Vernazza, qui jouit d'une situation idéale au bord de l'eau.

de se baigner. **Monterosso** est le seul des villages à avoir dans son centre une plage digne de ce nom, qui s'étend devant vous lorsque vous sortez de la gare – prenez au choix à droite ou à gauche. Des portions gratuites sont prises en sandwich entre des clubs de plage payants.

**Vernazza** possède une minuscule plage où il fait bon se rafraîchir lorsqu'il n'y a pas trop de vagues. Il y a aussi une petite aire de baignade parmi les rochers derrière l'église de Santa Margherita di Antiocha. Perché sur les hauteurs, le village de **Corniglia** dispose pourtant d'un lieu de baignade : une crique rocheuse à laquelle on accède par un sentier qui descend depuis la place principale. Certains profitent du soleil sur le front de mer rocheux situé sous la gare, qui n'est pourtant pas très beau.

À **Manarola**, de jeunes casse-cou plongent dans le petit port depuis les rochers (p. 115). Par temps calme, on se croirait dans une piscine (il y a une échelle pour les baigneurs). Le sentier qui contourne Punta Bonfiglio mène à un autre lieu de baignade, à côté d'une rampe de mise à l'eau. La plage de galets de Fossola (p. 129), à **Riomaggiore**, qui semble cachée du village, est l'une des plus jolies de la région. Pour y accéder, il faut suivre le bord de l'eau, dépasser le quai du ferry et emprunter une corniche qui débouche sur la petite plage de rochers flanquée de parois sauvages se précipitant dans la mer. Si vous cherchez la tranquillité, allez-y tôt le matin ou en fin de journée.

Manarola

Autrefois prisée des naturistes, la plage de Guvano est tranquillement nichée dans une jolie crique entre Corniglia et Vernazza. Cette plage de galets était facilement accessible depuis Corniglia par un tunnel ferroviaire désaffecté, mais des glissements de terrain l'ont malheureusement rendu impraticable. On s'y rend surtout en bateau privé. Par temps calme, c'est une bonne destination pour une sortie en kayak depuis Vernazza.

Il y a également de belles plages au nord et au sud des villages des Cinque Terre. Non loin de Monterosso en train, **Levanto** possède une longue et large plage de sable (p. 64), divisée en parties publiques et privées. Une voie verte suivant le tracé d'une ancienne voie ferrée permet aux promeneurs, joggeurs et cyclistes de rejoindre Bonassola (et même Framura).

Situés sur la rive est du golfe de La Spezia, **Lerici** et **San Terenzo** (p. 140) sont plus difficiles d'accès. Leurs belles plages (principalement de sable, avec quelques pierres dans les eaux peu profondes) attirent beaucoup de vacanciers italiens en été. Pour y accéder depuis les Cinque Terre, prenez un ferry ou un train pour La Spezia, puis un bus.

## Îles

### Palmaria

Avec sa cinquantaine d'habitants, la plus grande île de la Riviera italienne demeure très sauvage. Ses impressionnantes falaises, ses ravissantes criques et ses plages rocheuses font de cette île de 1,9 km$^2$ une belle destination pour une excursion d'une journée. Les sentiers de randonnée sont bien entretenus. Le sentier n°510, très pentu, fait le tour de l'île. D'une difficulté modérée, il traverse des forêts méditerranéennes et longe des rivages intacts (comptez environ trois heures). En été, il y a un ferry toutes les 30 minutes (toutes les quelques heures hors saison) entre Porto Venere et Punta Secca (5 €, 5 minutes).

### Tino et Tinetto

Ces deux petites îles cachées derrière Palmaria ouvrent une fenêtre sur le passé lointain de la région. Tino, la plus grande, bordée de falaises, doit son aspect luxuriant à ses forêts de pins et de chênes verts. Un monastère bénédictin y fut fondé au Moyen Âge, et des ordres monastiques y étaient déjà présents auparavant. La légende raconte qu'au VIIe siècle le moine Venerio allumait des feux au sommet de l'île pour guider les marins. Il fut par la suite canonisé, et San Venerio devint le saint patron des gardiens de phares. Aujourd'hui, un phare se dresse là où le moine allumait probablement ses feux. On trouve sur la minuscule Tinetto les ruines d'un oratoire du VIe siècle et une espèce endémique de lézard.

Des excursions en bateau depuis Porto Venere offrent de beaux points de vue sur Tino, Tinetto et Palmaria.

Randonnée

# Sentiero Azzurro – de Vernazza à Corniglia

*La portion du Sentiero Azzurro (Sentier bleu) entre Vernazza et Corniglia passe à flanc de falaises, traverse une végétation typiquement méditerranéenne et longe des champs cultivés depuis le Moyen Âge. Courte, elle grimpe beaucoup, mais chaque tournant dévoile de nouvelles splendeurs, dans ce paysage escarpé où les montagnes se précipitent dans la mer.*

## Comment y aller

Prenez le train jusqu'à Vernazza, puis descendez vers le front de mer pour trouver le point de départ du sentier ; la Cinque Terre Card (encadré p. 92) est nécessaire pour y accéder.

## ❶ Vernazza

Pour rejoindre le point de départ du sentier, descendez la Via Roma vers la mer et prenez la première à gauche après la pharmacie. Sur le mur, un petit panneau avec des flèches rouges indique le “Sentiero per Corniglia”. Montez les marches et continuez dans cette ruelle se faufilant à travers un quartier un peu en retrait de la ville. À la première intersection en T, prenez l'escalier à gauche. Quelque 200 m plus loin, empruntez le vieil escalier en pierre qui part sur la droite. Un panneau indique “Corniglia” ; il porte la marque rouge et blanc qui balise les sentiers dans les Cinque Terre.

## ❷ Panorama de carte postale

L'escalier mène à un magnifique point de vue sur Vernazza. Passez devant le bâtiment cylindrique en pierre et découvrez comme le village semble fragile, perché sur sa péninsule escarpée s'avançant comme un doigt dans la mer. Baissez les yeux pour voir les fleurs sauvages et les cactus agrippés à la paroi descendant jusqu'à une minuscule plage, en bas de la falaise. Les sites emblématiques du village – la tour médiévale guettant les envahisseurs depuis la rive, le dôme étincelant de la jolie église et la digue protégeant le port de la violence des vagues lors des tempêtes – sont plus spectaculaires encore dans la lumière du matin ou de la fin d'après-midi.

## ❸ Terrasses abandonnées

Plus loin sur le chemin se dresse le guichet d'entrée où vous pouvez acheter votre billet si ce n'est déjà fait. À proximité se trouve aussi le départ du sentier n°507 (accès gratuit) qui rejoint l'Alta Via delle Cinque Terre (AV5T), un itinéraire de 38 km qui va de Levanto au nord à Porto Venere au sud en passant au-dessus des villages, et que l'on peut rejoindre par différents chemins tout au long du parcours.

### ★ À savoir

- Même conseil que partout ailleurs dans les Cinque Terre : ne vous mettez pas en route trop tard pour éviter la foule. Admirez la beauté vierge de la côte au lever du soleil.
- On compte généralement 1 heure 30 pour parcourir le sentier de 4 km.
- Depuis Vernazza, le dénivelé est de 280 m. L'itinéraire est moins rude dans le sens Corniglia-Vernazza.

### Une petite pause ?

Une fois arrivé à Corniglia, offrez-vous une pause rafraîchissante à l'Alberto Gelateria (p. 109).

Vous pouvez prendre un en-cas sur le sentier à Il Gabbiano, juste avant d'arriver à Corniglia (p. 103).

La marche commence par une montée en pente douce au bord de la falaise ; chaque tournant dévoile un panorama splendide. Au début, vous verrez les voies ferrées en contrebas. Au bout d'environ 500 m, des marches en pierre irrégulières montent en zigzaguant parmi les oliviers et les espaces boisés. Vous cheminerez également le long de jardins en terrasses depuis longtemps délaissés.

## ❹ Nature méditerranéenne

Le sentier, alternance de terre battue et de pierres plates, comporte de nombreuses marches. Des rambardes en bois fournissent une protection en bordure de falaise, mais le sentier souffre généralement de la saison pluvieuse. On atteint ensuite une partie plus sauvage ; des pentes couvertes d'une dense végétation méditerranéenne s'offrent à la vue, tandis que les falaises, à droite, sont parsemées de figuiers de Barbarie et d'agaves.

## ❺ Hameau paisible

À mi-parcours (à quelque 2 km de Corniglia), vous verrez le hameau de Prevo sur votre gauche. Cette petite communauté aurait été fondée au XVI$^{e}$ siècle par des familles de bergers qui s'y abritaient l'hiver avec leurs troupeaux. Les terrasses protégées par des murs en pierres sèches (sans mortier) sont plantées de jardins potagers, citronniers, grenadiers, cerisiers et cognassiers.

## ❻ Îles dans la brume

Ralentissez pour admirer la vue depuis l'un des points les plus hauts

du Sentiero Azzurro, à 208 m d'altitude. Par temps clair, on aperçoit au loin la Corse et les îles d'Elbe, de Gorgone et de Capraia. Depuis cette hauteur, Corniglia ressemble à un village miniature, avec ses bâtiments pastel blottis les uns contre les autres en haut d'une falaise abrupte dominant les flots. Des jardins en terrasses s'étendent derrière le village. Plus loin sur la côte, on distingue Manarola.

## ❼ Rafraîchissement sur la falaise

L'un des seuls cafés du Sentiero Azzurro se trouve à Prevo, le long du sentier (côté Méditerranée). **Il Gabbiano** (en-cas à partir de 4 € ; 🕘9h-18h) sert des boissons fraîches (smoothies, cafés glacés, *granite*) et des en-cas, dont des paninis. Perchées au sommet de la falaise, les tables extérieures ombragées jouissent d'un superbe point de vue. Et si vous ne voulez plus repartir, il y a une pension à proximité : le Heart of Cinque Terre (ou Leo's Lodge).

## ❽ Paysages pastoraux

L'arrivée à Corniglia diffère de l'entrée dans les autres villages des Cinque Terre. Vous entendrez sans doute des coqs chanter et des chiens aboyer en approchant, ainsi que le gazouillement des oiseaux et des sons se répercutant depuis l'autre côté de la vallée. Le paysage de champs cultivés aux portes des habitations est résolument pastoral.

### Côte rocheuse

À l'arrivée, vous pouvez vous ressourcer dans les eaux vivifiantes du front de mer rocheux de Corniglia, peu fréquenté. Attention, la pente est raide pour remonter ensuite au village ! Empruntez la Via Fieschi et tournez à droite juste avant la place principale, puis continuez jusqu'à la rive couverte de rochers. N'oubliez ni votre maillot de bain ni votre serviette de plage !

## ❾ Corniglia

À la périphérie de Corniglia commence la descente, éprouvante pour les genoux, d'un escalier qui semble interminable. Après quelques ponts franchissant des cours d'eau de montagne, on arrive sur la route principale qui dessert le village. Traversez la chaussée et cherchez la suite du chemin en face, quelques mètres plus loin sur la droite. Continuez entre les vignes, et vous arriverez dans le village en haut de la Via Fieschi, près des marches de la Chiesa di San Pietro. Tournez à droite dans cette ruelle qui vous mènera au centre du minuscule village de Corniglia (photo p. 100).

Explorer

# Corniglia

*Entouré de vignes et juché à 1 000 m sur son promontoire rocheux, Corniglia est le "paisible" village du milieu et le seul des Cinque Terre sans accès direct à la mer – excepté un escalier raide qui dévale jusqu'à une crique de galets. Des ruelles flanquées de hautes maisons colorées composent un paysage intemporel que Boccace citait déjà dans son* Décaméron.

## Notre sélection

- ***Belvedere di Santa Maria (p. 111)***. *Admirez la vue imprenable sur les quatre autres villages des Cinque Terre.*
- ***Chiesa di San Pietro (p. 109)***. *Cette église du XIVe siècle recèle de brillantes réalisations du baroque.*
- ***Santuario della Madonna delle Grazie (p. 109)***. *Partez en balade à l'assaut des collines boisées jusqu'au hameau de San Bernardino, et découvrez un panorama époustouflant.*
- ***Alberto Gelateria (p. 109)***. *Des produits cultivés localement donnent leurs saveurs à ces* gelati *parmi les meilleures de Ligurie.*
- ***La Scuna (p. 110)***. *Savourez un* aperitivo *au soleil couchant, devant une bière artisanale et des en-cas gourmands.*

## Comment y aller et circuler

Corniglia se trouve sur la ligne Trenitalia des trains Cinque Terre Express. De la gare, un escalier de 377 marches en brique grimpe jusqu'au village ; une navette (2,50 €) circule aussi, en correspondance avec les trains.

**Plan de Corniglia p. 108**

**Jardins en terrasses de Corniglia** NOEMI SANTUCCI/EYEEM/GETTY IMAGES ©

Promenade à pied

# Corniglia

*Aussi minuscule soit-il, le village de Corniglia mérite largement que l'on grimpe l'interminable escalier depuis la gare. Ce parcours relativement aisé passe par des églises séculaires, des places ombragées et de magnifiques points de vue (embrassant par temps clair tous les villages des Cinque Terre), et il ménage même une succulente pause glacée.*

## La promenade

**Départ** Piazzetta Ciapara ; Corniglia

**Arrivée** Belvedere di Santa Maria ; Corniglia

**Distance** 400 m

**Durée** 1 heure

### ❶ Piazzetta Ciapara

À l'entrée du bourg, prenez le temps d'apprécier l'indolente ambiance villageoise de la Piazzetta Ciapara : quelques bancs à l'ombre, deux épiceries où se procurer un rafraîchissement, et un vieux pressoir, vestige d'une viniculture jadis prospère à Corniglia.

### ❷ Chiesa di San Pietro

Une ruelle grimpe jusqu'à la petite Chiesa di San Pietro (p. 109), dont l'austère façade grise est égayée par une délicate rosace en marbre de Carrare et, au-dessus de l'entrée, une modeste statue de saint Pierre. À l'intérieur, le baroque règne en maître, avec notamment un délicat autel et des tableaux du XVIII$^{e}$ siècle.

### ❸ Alberto Gelateria

Il faut revenir sur la place pour prendre l'étroite Via Fieschi – l'artère principale de Corniglia – menant jusqu'au cœur du village et Alberto Gelateria (p. 109), dont les glaces succulentes se déclinent dans des parfums basilic ou citron par exemple, à partir de produits en provenance directe des montagnes alentour.

### ❹ Largo Taragio

De là, flânez allègrement devant boutiques et restaurants jusqu'au verdoyant Largo Taragio, cœur battant de Corniglia, où les terrasses de café invitent à observer la vie comme elle va. Le centre de la place est occupé par un modeste monument aux morts de la Première Guerre mondiale.

### ❺ Oratoire

Des marches montent jusqu'à un oratoire dédié à sainte Catherine et à la Vierge. Cette modeste chapelle à l'intérieur dépouillé renferme quelques tableaux du XVIII$^{e}$ siècle et un plafond peint représentant le martyre de Catherine, qui selon la tradition subit notamment le supplice de la roue.

### ❻ Point de vue

Derrière l'oratoire, une placette servant de terrain de football aux enfants offre un beau panorama qui embrasse un long pan de littoral vers le sud-est et des coteaux verdoyants dévalant jusqu'à la mer et Manarola.

### ❼ Belvedere di Santa Maria

La Via Fieschi se termine à 80 m de là, au Belvedere di Santa Maria (p. 111), le plus beau point de vue du village : un panorama à 180 degrés sur la côte, du village des Cinque Terre le plus méridional, Riomaggiore, jusqu'à la Punta Mesco, très boisée, au nord-ouest.

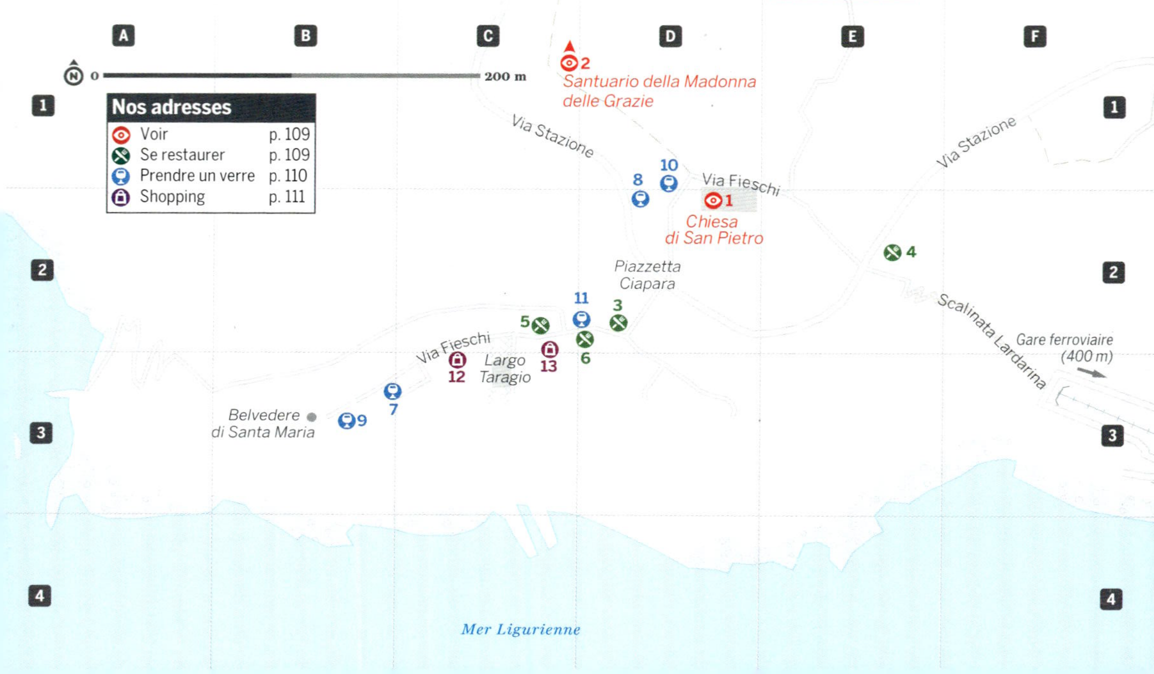

A
B
C
D
E
F
1
2
3
4
0
200 m
Nos adresses
Voir p. 109
Se restaurer p. 109
Prendre un verre p. 110
Shopping p. 111
2 Santuario della Madonna delle Grazie
1 Chiesa di San Pietro
Via Stazione
Via Stazione
Via Fieschi
Via Fieschi
Piazzetta Ciapara
Largo Taragio
Belvedere di Santa Maria
Scalinata Lardarina
Gare ferroviaire (400 m)
Mer Ligurienne
3
4
5
6
7
8
9
10
11
12
13

# Voir

## Chiesa di San Pietro ÉGLISE

1 PLAN P. 108, D2

À l'orée du village, cette petite église gothique dédiée à saint Pierre se dresse là depuis le XIVe siècle au moins, sans doute sur un site déjà occupé au XIe siècle par une chapelle. Une belle rosace ouvragée en marbre de Carrare et, au-dessus de l'entrée, une niche où deux personnages s'agenouillent devant saint Pierre tenant sa clef viennent animer sa façade grise. Cette dernière contraste avec un intérieur baroque à souhait, doté notamment d'un opulent autel et de tableaux du XVIIIe siècle. (Via Fieschi 19)

## Santuario della Madonna delle Grazie BALADE

2 PLAN P. 108, C1

Il faut une heure environ pour rejoindre ce sanctuaire, depuis Corniglia (sentier n°587) comme depuis Vernazza (sentier n°507) – le second itinéraire est jugé plus beau. Un embranchement du Sentiero Azzuro (Sentier bleu) monte la spectaculaire Sella di Comeneco jusqu'au village de San Bernardino, dont l'église recèle au-dessus de l'autel une vierge à l'enfant vénérée.

# Se restaurer

## Alberto Gelateria GELATERIA €

3 PLAN P. 108, D2

Depuis 1999, Alberto Melandri sert des glaces sans pareille à des kilomètres à la ronde. Goûtez la simplicité et la perfection des parfums *basilico* (de son jardin), *miele de Corniglia*, *limone* (citron) ou *cannella*, à moins que vous ne préfériez un *granite* aux citrons du coin. (Via Fieschi 74 ; gelato à partir de 2 € ; 11h-23h)

## La Posada Ristorante LIGURE €€

4 PLAN P. 108, E2

À deux pas des escaliers qui grimpent depuis la gare, La Posada offre un cadre superbe avec sa terrasse bordée d'oliviers et de palmiers, où l'on se régale de poissons grillés, de pâtes ou d'une bruschetta face à un panorama enchanteur sur la mer. (333 4542113 ; Via Stazione 11 ; repas 26-40 € ; midi-15h et 19h-22h mar-dim)

## Bütiega TRAITEUR €

5 PLAN P. 108, C2

Pour changer du restaurant, rendez-vous dans cette charmante épicerie fine : au comptoir à l'avant, choix de légumes rôtis, de sandwichs préparés à la commande et d'antipasti, et à l'arrière, dans une salle aux beaux carrelages, produits frais de saison, vins et autres délices. (Via Fieschi 142 ; repas à partir de 10 € ; 8h-19h30)

## Pan e Vin ITALIEN €

6 PLAN P. 108, D2

Voilà une bonne adresse à toute heure, dont le personnel sympathique vous servira, selon le moment, un petit-déjeuner solide, un sandwich dans une focaccia ou une formule *aperitivo* – et les vegans ne sont pas oubliés. (Via Fieschi 123 ; repas à partir de 10 € ; 8h-21h ; )

## Prendre un verre

### La Scuna

BAR

7 PLAN P. 108, B3

Bière artisanale à la pression, cocktails savamment préparés et amuse-gueules inventifs caractérisent ce petit bar étonnamment branché pour une région aussi traditionnelle. À cela s'ajoute un atout imbattable : une terrasse avec un panorama à couper le souffle sur la côte. ( 349 6355081 ; Via Fieschi 185 ; 8h30-23h30)

### Terra Rossa

BAR À VINS

8 PLAN P. 108, D2

Le long de la route qui descend vers la gare, cette terrasse abondamment fleurie offre une jolie vue sur les vignes dévalant vers la mer. Le bar est spécialisé dans les vins locaux (5-8 € au verre) et peut organiser des dégustations avec accords mets-vins (à partir de 15 €). Pour se sustenter, carpaccio, salades, bruschettas, anchois et autres en-cas. (Via Fieschi 58 ; 11h-22h)

### Bar Terza Terra

BAR

9 PLAN P. 108, B3

Ce café séduit grâce à sa terrasse (située un peu plus loin sur la

Bar Terza Terra

ELEPHOTOS/SHUTTERSTOCK ©

droite) où se perdre dans la contemplation de Manarola au loin tout en sirotant un cocktail. Les formules *aperitivo* (deux vins, avec pain, pesto et anchois à partir de 9 €) sont avantageuses, mais arrivez tôt pour pouvoir profiter de l'une des rares tables. (Via Fieschi 215 ; 10h-21h)

### À Cáneva

CAFÉ

10 PLAN P. 108, D1

Près de la Chiesa San Pietro, ce tout petit troquet offre quelques tables basses et des coussins fort opportunément installés sur les escaliers d'une ruelle tranquille. Le genre d'adresse où l'on a envie de prendre son temps, devant un bon café et une brioche le matin, ou plus tard devant un cocktail, une focaccia ou un panini. (www.facebook.com/a.canevabar ; Via Fieschi 10 ; 7h-21h lun-ven, 7h-minuit sam-dim)

### Enoteca Il Pirun

BAR À VINS

11 PLAN P. 108, D2

Sur deux niveaux dans une vieille maison de village, ce bar à l'ancienne tire son nom de la cruche si particulière que représente son enseigne, à laquelle on boit à la régalade. Une carte simple mais bien fournie (spaghettis aux palourdes, gnocchis au pesto, salade de poulpe) accompagne parfaitement la belle sélection de vins. (0187 81 23 15 ; Via Fieschi 51)

### Belvedere di Santa Maria

Un époustouflant panorama sur la mer se déploie à 180 degrés depuis ce **belvédère** (plan p. 108, B3) à Corniglia. Pour trouver ce balcon suspendu à la falaise, traversez tout le village en suivant la Via Fieschi.

## Shopping

### Fanny Rock Bazar

ARTISANAT

12 PLAN P. 108, C3

Pionnière parmi les commerçants de Corniglia, Sondra propose depuis 1997 des céramiques aux belles couleurs (cruches, plateaux, tasses, assiettes à olives), ainsi que de jolis souvenirs à prix doux fabriqués par Lino, son défunt époux – des photos et des mini-guitares en hommage à des stars comme Keith Richards ou Elvis. (Via Fieschi 187 ; 10h-20h)

### Lavgon

MODE ET ACCESSOIRES

13 PLAN P. 108, C2

“Laboratoire 100% féminin de mode éthique”, cette marque italienne conçoit des vêtements bien coupés en coton bio et autres tissus naturels : vous dénicherez robes et tops élégants, bijoux colorés aux formes organiques et foulards en soie. La plupart des produits sont conçus et fabriqués en Italie. (www.lavgon.it ; Via Fieschi 45 ; 11h-18h)

il Porticciolo

Explorer

# Manarola

*Planté de davantage de vignes que ses voisins, le village de Manarola est réputé pour son vin liquoreux, le* sciacchetrà. *Il conserve en outre de précieuses reliques médiévales, ce qui tendrait à confirmer l'hypothèse qu'il est le plus ancien des Cinque Terre. Ses habitants, plein d'entrain, parlent un dialecte local confidentiel, le* manarolese. *En raison de sa proximité avec Riomaggiore (852 m), Manarola est une localité très fréquentée, à la fois par les touristes et par les scolaires italiens.*

## Notre sélection

- ***Punta Bonfiglio (p. 117)**. L'un des plus beaux panoramas sur la Grande Bleue, depuis les hauteurs de Manarola.*
- ***Santuario della Madonna delle Salute (p. 117)**. Grimpez au milieu des vignes et admirez la vue (à couper le souffle) en balade jusqu'à cette église de Volastra.*
- ***Trattoria dal Billy (p. 119)**. Un festin de délicates saveurs iodées, sur une terrasse perchée dans le village.*
- ***Nessun Dorma (p. 120)**. Laissez-vous enivrer par le paysage tout en sirotant un excellent vin des Cinque Terre.*
- ***L'Emporio (p. 121)**. Pour des souvenirs à thématique nautique, œuvres d'artistes du coin.*

## Comment y aller et circuler

Manarola est desservie par les trains Trenitalia de la ligne Cinque Terre Express.

**Plan de Manarola p. 116**

**Rue de Manarola** BRUNO - NA PROA DA VIDA/SHUTTERSTOCK ©

Promenade à pied

# Manarola

*Dans ce village photogénique à souhait, de magnifiques panoramas se déploient depuis les ruelles et placettes juste au-dessus du centre. La balade, qui passe notamment par la Chiesa di San Lorenzo, mettra vos mollets (gentiment) à l'épreuve, car l'artère principale est en pente. Mais la vue sur les vignobles et la mer scintillante vaut amplement ces efforts.*

## La promenade

**Départ** Gare ferroviaire de Manarola ; Manarola

**Arrivée** Punta Bonfiglio ; Manarola

**Distance** 1,5 km

**Durée** 1 heure

### ❶ Via dell'Amore

De la gare de Manarola, suivez le sentier au-dessus des rails, puis la Via dell'Amore (p. 118) : ce chemin plat, facile, d'environ 1 km reliait jadis Manarola à Riomaggiore, mais depuis un glissement de terrain en 2012 seuls 200 m restent praticables. Ce tronçon vaut le détour pour le panorama au-dessus des vagues et des rochers.

### ❷ Via Discovolo

Revenez sur vos pas pour emprunter le tunnel piéton en direction du village ; à la sortie, prenez à droite. La sinueuse Via Discovolo est l'artère commerçante de Manarola : épiceries, boutiques de vêtements et stands de restauration rivalisent ici pour attirer le chaland.

### ❸ Chiesa di San Lorenzo

La rue prend ensuite un virage en épingle à cheveux et grimpe dur, mais vous voilà bientôt devant l'imposante **Chiesa di San Lorenzo** (Piazzale Papa Innocenzo IV), dont le style gothique ligure date du XIVe siècle. Elle est réputée pour son triptyque du XIVe lui aussi, derrière l'autel, représentant une vierge à l'enfant, sainte Catherine et saint Laurent.

### ❹ Campanile

Juste en face de l'église se trouve le campanile, qui servit aussi de tour de guet pour le village. Au-dessus de la porte, la plaque de marbre rend hommage aux villageois tombés durant la Première Guerre mondiale. Avancez le long du campanile pour une jolie vue (partielle) sur les vignobles en terrasses qui s'étagent au-dessus du village.

### ❺ Via Rollandi

Dépassez l'église et élancez-vous dans l'escalier sur votre droite. L'étroite Via Rollandi se targue de charmantes maisons, d'un succulent restaurant (Trattoria dal Billy ; p. 119) et de beaux panoramas. Remontez-la presque jusqu'au bout, puis prenez la Scalinata Pezzali pour redescendre sur la rue principale.

### ❻ Port

Prenez à gauche et descendez jusqu'au port de Manarola, de la taille d'un mouchoir de poche. Vous avancerez en zigzag pour rejoindre le bord de l'eau. En l'absence de plage, il y a toujours des baigneurs intrépides pour sauter directement depuis le quai, où l'eau est assez profonde. On peut se contenter d'un bain de soleil sur les rochers.

### ❼ Punta Bonfiglio

Un sentier étroit qui grimpe depuis le port mène jusqu'au point de vue de la Punta Bonfiglio (p. 117) : là, Manarola et les coteaux verdoyants qui la surplombent composent des paysages de carte postale. C'est d'ailleurs l'un des panoramas les plus célèbres des Cinque Terre, tout simplement magique au coucher du soleil.

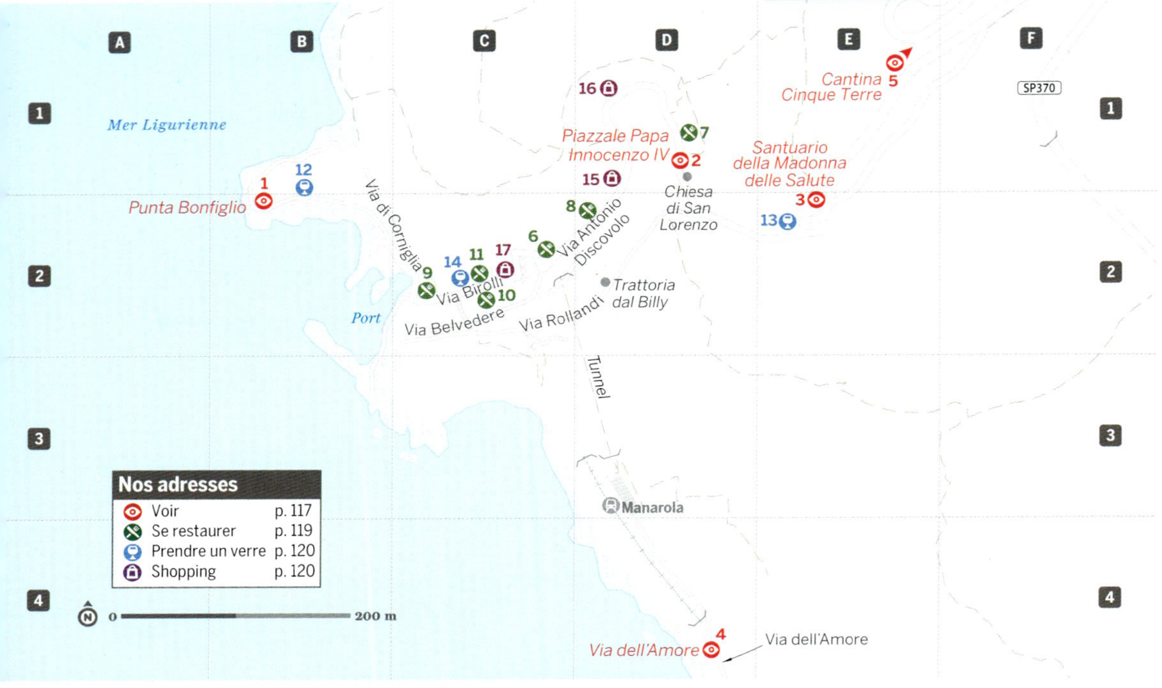
A
B
C
D
E
F
1
2
3
4
SP370
Mer Ligurienne
Punta Bonfiglio
1
12
Via di Corniglia
Port
9
14
11
17
Via Birolli
10
Via Belvedere
6
8
Via Antonio Discovolo
Via Rollandi
Trattoria dal Billy
16
15
Piazzale Papa Innocenzo IV
2
7
Chiesa di San Lorenzo
Santuario della Madonna delle Salute
3
13
Cantina Cinque Terre
5
Tunnel
Manarola
Via dell'Amore
4
Via dell'Amore
Nos adresses
Voir p. 117
Se restaurer p. 119
Prendre un verre p. 120
Shopping p. 120
N
0
200 m

# Voir

## Punta Bonfiglio

PANORAMA

1 PLAN P. 116, B2

Le village de Manarola n'est nulle part plus beau que depuis ce promontoire rocheux. Vous trouverez sur place une zone de pique-nique et une aire de jeux pour les petits, ainsi qu'un bar. Non loin, les ruines d'une ancienne chapelle ont longtemps servi d'abri aux paysans du coin.

## Piazzale Papa Innocenzo IV

PLACETTE

2 PLAN P. 116, D1

Un campanile qui fit office de tour de guet domine cette placette, flanquée également de la Chiesa di San Lorenzo (p. 115), érigée en 1338, qui abrite un triptyque du XIVe siècle. Si vous êtes chaussé pour cela, la Via Rollandi voisine vous conduira à un sentier qui monte à travers les vignes jusqu'au sommet de la montagne.

Vous trouverez la *piazzale* en remontant la Via Discovolo. Du front de mer, comptez environ 10 minutes.

## Santuario della Madonna delle Salute

BALADE

3 PLAN P. 116, E2

Le merveilleux sentier n°506 traverse les meilleurs vignobles des Cinque Terre jusqu'à une chapelle mêlant les styles roman et gothique, dans le minuscule hameau de Volastra. Comptez

Vue sur Manarola de la Punta Bonfiglio

KHALIL BARQAWI ALNOURI/EYEEM/GETTY IMAGES ©

environ 30 minutes. Vous pouvez pousser ensuite jusqu'à Corniglia.

### Via dell'Amore

BALADE

4 PLAN P. 116, D4

Jusqu'à ce que des éboulements entraînent sa fermeture en 2012, la "voie de l'amour" était un magnifique (et facile) sentier côtier qui reliait Riomaggiore à Manarola en 20 minutes. Ce qui fut donc l'itinéraire le plus prisé des Cinque Terre doit son nom aux nombreux mariages que sa création permit entre ces deux villages, longtemps séparés par la topographie.

Ses 200 premiers mètres, entre la gare ferroviaire de Manarola et le Bar Via dell'Amore, ont rouvert et méritent bien un court détour. À l'heure où nous rédigeons ces lignes, rien n'augure d'une réouverture complète à court terme, les financements restant toujours incertains – au grand dam des habitants, pour qui la Via dell'Amore avait aussi, et surtout, un intérêt pratique.

### Cantina Cinque Terre

DOMAINE VITICOLE

5 PLAN P. 116, E1

Sur les hauteurs de Manarola, le plus gros producteur de vin des Cinque Terre est en activité depuis 1982. Cette coopérative rassemble plus de 200 viticulteurs, et des dizaines de parcelles perchées et dispersées sur des coteaux plein sud dominant la mer. Des visites et des dégustations sont organisées sur le domaine (p. 21). (☎ 0187 92 04 35 ; www.cantinacinqueterre.com ;

Spaghettis aux fruits de mer de la Trattoria dal Billy

JUSTIN FOULKES/LONELY PLANET ©

SP51, Località Groppo ; 8h-19h lun-sam, 9h-12h30 et 14h30-19h dim)

## Se restaurer

### Da Aristide — PRODUITS DE LA MER €€

6 PLAN P. 116, C2

Près du tunnel qui rejoint la gare, cette vieille maison de village est bordée d'une terrasse lumineuse et abritée qui donne sur la place. Partagez une copieuse assiette d'anchois farcis ou de poulpe grillé bien citronné, ou commandez les raviolis de poisson ou les pappardelle maison aux moules et à l'aubergine. Et réservez. (0187 92 00 00 ; Via Discovolo 290 ; repas 25-35 € ; 8h-22h ven-mer)

### Cappun Magru — LIGURE €

7 PLAN P. 116, D1

Voilà, à deux pas de la Chiesa di San Lorenzo, une institution prisée des habitants pour sa cuisine familiale, ses délicieux gâteaux et son espresso, le meilleur de Manarola. Les sandwichs de la mer (anchois, crevettes, morue, poulpe), délicieux, se marient à merveille avec les vins DOC Cinque Terre. (Via Discovolo ; plats 8-12 € ; 8h15-18h30 mar-dim)

### Gelateria 5 Terre — GELATERIA €

8 PLAN P. 116, D2

Bon prétendant au titre de meilleur glacier des Cinque Terre, dont les parfums subtils (avec des versions véganes et sans lactose) ne déçoivent jamais. Ne boudez pas l'appétissante gamme de *cannoli* (pâte croquante garnie de ricotta sucrée ou de crème). (Via Discovolo 248 ; glace à partir de 3 € ; 11h-20h)

### Trattoria dal Billy

Cachée dans une minuscule ruelle tout en haut du village, la **Trattoria dal Billy** (plan p. 116, D2 ; 0187 92 06 28 ; www.trattoriabilly.com ; Via Rollandi 122 ; repas 30-40 €) cuisine les produits de la mer comme personne d'autre dans les Cinque Terre. Commencez par l'assortiment d'antipasti – 12 préparations, chaudes et froides, allant de la salade de poulpe aux anchois marinés au citron, en passant par le thon aux oignons doux – à faire suivre de pâtes au homard ou d'espadon à la truffe noire.

Par temps clair, demandez une table en terrasse pour la vue, exceptionnelle. Réservation impérative.

### Marina Piccola — PRODUITS DE LA MER €€

9 PLAN P. 116, C2

Une gamme de recettes iodées, dont de savoureux antipasti comme la *soppressata di polpo* (tartare de poulpe), vous attend ici, à savourer avec une vue imprenable sur la mer. Superbe carte de vins des Cinque Terre, ainsi que plusieurs excellents vermentinos. (0187 92 09 23 ;

www.hotelmarinapiccola.com ; Via Birolli 120 ; repas 27-37 € ; midi-22h30 mer-lun ; )

### Il Porticciolo Foodrink ITALIEN €

10 PLAN P. 116, C2

En face du restaurant du même nom, plus feutré, cette adresse enjouée sert sur une bande-son latino un petit choix de plats du jour à prix doux (pâtes à l'espadon, gnocchis au pesto), ainsi que des assiettes d'antipasti, de fromages et de *salumi* (charcuteries), ou de généreuses focaccias. (Via Birolli 103 ; 11h-22h)

### Il Porticciolo PRODUITS DE LA MER €€

11 PLAN P. 116, C2

Dans la grand-rue descendant vers le port, voici un rendez-vous couru pour un festin de la mer en terrasse, dans une ambiance animée. À la carte, des classiques fédérateurs, comme les spaghettis aux moules, le bar au four ou les calamars frits. (0187 92 00 83 ; Via Birolli 92 ; repas 30-45 € ; 11h30-23h)

## Prendre un verre

### Nessun Dorma BAR

12 PLAN P. 116, B1

Sur un promontoire léché par les vagues, avec vue sur les façades pastel de Manarola, cette terrasse verdoyante compose le décor de rêve d'un apéritif au coucher du soleil. Superbe carte des vins, et cocktails variés et inventifs (goûtez le Spritz au limoncello), à accompagner d'un sandwich, d'une salade, d'une bruschetta ou d'une assiette de fromage. C'est un bar de plein air, qui donc ferme par mauvais temps. (340 8884133 ; www.nessundormacinqueterre.com ; Punta Bonfiglio ; midi-21h30)

### A Piè de Campu BAR À VINS

13 PLAN P. 116, E2

Excellents vins et assiettes à picorer dans les hauteurs du village. En journée, vous pourrez explorer les vins des Cinque Terre dans la salle de dégustation en bas. Réservation recommandée. Sont également proposées des dégustations guidées (p. 21). (338 2220088 ; apiedecampu@gmail.com ; Via Discovolo ; dégustations de vins 30-50 € ; 19h-22h mar-dim)

### La Cantina dello Zio Bramante BAR

14 PLAN P. 116, C2

Il faut descendre quelques marches pour pénétrer dans ce troquet convivial, la meilleure adresse du coin en soirée. Concerts le week-end (et en semaine l'été), bons vins du cru, et bruschetta, sandwichs et grignotages possibles. (Via Birolli 110 ; midi-minuit)

## Shopping

### Explora ÉQUIPEMENT SPORTIF

15 PLAN P. 116, D1

Cette boutique a en stock des basiques pratiques pour le plein

SANGA PARK/SHUTTERSTOCK ©

Il Porticciolo

air : chaussures de randonnée et de trail, t-shirts en tissu technique, chapeaux, lunettes de soleil, maillots de bain et sacs à dos. Vous y dénicherez aussi de bonnes cartes de randonnée et quelques ouvrages sur la région. Consigne de bagages possible chez ce partenaire d'Arbaspàa (p. 97). (Via Discovolo 252 ; 9h-19h)

### Cinque Terre Trekking

ÉQUIPEMENT SPORTIF

16 PLAN P. 116, D1

Si vous avez oublié votre matériel de rando, grimpez depuis le port jusqu'à ce magasin spécialisé pour vous fournir en chaussures et bâtons de marche, sacs à dos, lampes frontales, chaussettes anti-transpirantes et chapeaux, mais aussi en t-shirts ornés du fameux balisage rouge et blanc que l'on voit partout sur les sentiers par ici. (www.cinqueterretrekking.com ; Via Discovolo 108 ; 11h-13h et 14h-19h)

### L'Emporio

ARTISANAT

17 PLAN P. 116, C2

Une échoppe chatoyante qui distribue les travaux d'artistes et d'artisans du coin : peintures de poissons et de phares et autres marines réalisées sur des débris de bateaux de pêche, bijoux à thématique océanique, minuscules maquettes de navires… Vous dénicherez aussi des foulards, des t-shirts souvenir (sur lesquels le chat du magasin adore dormir) et quelques produits de bouche (pesto, huile d'olive, vin). (www.facebook.com/emporio.manarola ; Via Birolli 82 ; 9h30-20h30)

# De Manarola à Corniglia

*Cet itinéraire débute au bord de la mer, à Manarola, pour grimper jusqu'au hameau de Volastra (altitude 335 m) à travers les vignobles et les oliveraies. La vue en haut est époustouflante. La descente se fait parmi d'autres vignes aussi, qui comptent entre les plus prestigieuses des Cinque Terre, puis sous les pins, et vous conduira au centre du charmant village de Corniglia.*

## La randonnée

**Départ** Via Discovolo, Manarola ; Manarola

**Arrivée** Via Fieschi, Corniglia ; Corniglia

**Longueur** 7 km

**Durée** 2 heures 30

## ❶ Manarola

De la gare de Manarola, traversez le tunnel pour rejoindre le centre du village, puis prenez à droite et montez dans la rue principale, la Via Discovolo. Juste dans le virage, prenez la rampe qui part à gauche, où un panneau artisanal indique "Volastra". Cette très belle ruelle longe l'arrière de Manarola et monte vers les vignobles en terrasses qui dominent le village.

## ❷ Une marche après l'autre

Au bout de 20 minutes environ, vous atteindrez un escalier : la montée est rude, mais ces centaines de marches sont bordées de figuiers, d'oliveraies et d'antiques murets.

## ❸ Volastra

Vers l'arrivée à Volastra, vous verrez une boutique où vous procurer boissons fraîches et en-cas. Environ 1 km plus loin, Volastra est un paisible hameau, plus ancien que Manarola, qui fut fondé en 177 av. J.-C. par les Romains. Ces derniers avaient bien perçu son potentiel agricole : le toponyme vient du latin *vicus oleaster*, le "lieu des oliviers". La Chiesa di Nostra Signora della Salute, du XIIe siècle, renferme une icône vénérée de la Vierge. La légende raconte que ses cloches, cachées pendant la période d'invasion des Sarrasins, ont disparu, mais qu'on les entend parfois sonner à la volée les soirs d'orage... Sur les coteaux alentour sont cultivées les vignes qui donnent le vin DOC Le Coste, l'un des meilleurs des Cinque Terre.

### À savoir

Le chemin grimpe dur par endroits, et les petites flèches bleu délavé qui le balisent à la sortie de Manarola sont parfois difficiles à repérer. Après l'escalier, suivez le balisage rouge et blanc.

## ❹ Sous les pins

Quittez Volastra par le sentier n°586, en suivant les panneaux direction Corniglia. Cette superbe marche à travers champs passe aussi au beau milieu d'un jardin privé, face à la mer. La descente vous conduira également sur des terres jadis cultivées, aujourd'hui reconquises par les pins maritimes.

## ❺ Corniglia

La descente devient plus raide à l'approche de la destination. Les panneaux "Corniglia" vous conduiront à une fourche, que vous suivrez à droite pour prendre la Via Fieschi, l'artère principale de Corniglia. Après l'effort, offrez-vous le réconfort d'un verre et de quelques amuse-bouches à La Scuna (p. 110).

Explorer

# Riomaggiore

*Capitale officieuse des Cinque Terre (les principaux bureaux du parc se trouvent ici), Riomaggiore est aussi le plus oriental et le plus grand des cinq villages. Ses façades pastel décrépies qui dégringolent jusqu'à un tout petit port – la carte postale la plus connue de la région – prennent des tons magiques au coucher du soleil. Si vous êtes motorisé, partez explorer les collines entre ici et La Spezia : éblouissement garanti.*

## Notre sélection

- ***Plage de Fossola (p. 129)***. *Aventurez-vous jusqu'à cette plage de galets pour une pause fraîcheur un peu en retrait du village.*
- ***Santuario della Madonna di Montenero (p. 129)***. *La grimpette jusqu'à ce sanctuaire offre des panoramas imprenables sur la côte.*
- ***A Pié de Mà (p. 131)***. *On fait difficilement mieux que ce bar de plein air pour un apéro face à la mer.*
- ***Rio Bistrot (p. 129)***. *Régalez-vous d'un festin de poissons et de fruits de mer avec vue sur le port de Riomaggiore.*
- ***Enoteca d'uu Scintu (p. 131)***. *De cette échoppe bien fournie, vous rapporterez limoncello, délicieux pesto et autres produits de bouche.*

## Comment y aller et circuler

Riomaggiore, desservie par les trains Trenitalia de la ligne Cinque Terre Express, n'est qu'à 7-10 minutes de La Spezia.

**Plan de Riomaggiore p. 128**

Port de Riomaggiore (p. 127) AFRIANDI/GETTY IMAGES ©

Promenade à pied

# Riomaggiore

*Cette ample balade autour du plus grand village des Cinque Terre combine panoramas enchanteurs sur la mer et architecture typique, dont une église du XIVe siècle, ainsi qu'un aperçu des fresques de Riomaggiore, qui dépeignent l'éreintant labeur des paysans de la région. Une plage de galets (un peu) cachée en est le charmant terminus.*

## La promenade

**Départ** Gare de Riomaggiore ; Riomaggiore

**Arrivée** Plage de Fossola ; Riomaggiore

**Distance** 4 km

**Durée** 1-2 heures

## ❶ Panorama

En descendant sur le quai de la gare, prenez la rue qui monte, puis le premier escalier sur votre droite, et poursuivez jusqu'au point de vue sur un paysage envoûtant au-dessus du village.

## ❷ Peintures murales

En suivant le chemin en lacets, vous passerez devant la mairie de Riomaggiore, où des fresques représentent vendangeurs et pêcheurs, ainsi qu'une langoureuse déesse de la Mer – des œuvres de l'Italo-Argentin Silvio Benedetto (né en 1938).

## ❸ Chiesa di San Giovanni Battista

Cœur spirituel du village, la Chiesa di San Giovanni Battista (p. 129) est posée sur son esplanade à flanc de colline. Cette église du XIVe siècle est dédiée à saint Jean-Baptiste, patron de Riomaggiore, dont la fête est célébrée avec ferveur le 24 juin.

## ❹ Oratorio di Santa Maria Assunta

Quelques rues plus haut, la chapelle de l'**Oratorio di Santa Maria Assunta** (Via Colombo ; 9h-20h) est renommée pour sa *Madonna delle catene* ("Vierge aux chaînes"), sculptée dans le bois au XIVe siècle en mémoire de l'asservissement que subit la population de Riomaggiore lors des incursions de pirates au Moyen Âge.

## ❺ Via Colombo

Depuis l'oratoire, votre parcours descend : la Via Colombo est jalonnée de boutiques et de cafés dont les terrasses permettent de se sustenter en profitant de la vue imprenable sur le paysage... et le défilé des passants.

## ❻ Piazza Vignaioli

Au bout de la Via Colombo, un escalier grimpe jusqu'à la Piazza Vignaioli, autre haut lieu de la sociabilité à Riomaggiore, ornée sur l'un de ses flancs de fresques du même Benedetto, représentant des vendangeurs et des laboureurs.

## ❼ Port

Descendez l'escalier, puis un autre pour rejoindre le port. La minuscule esplanade du bord de mer de Riomaggiore compte deux restaurants et se retrouve parfois envahie par les embarcations : lorsque le temps se gâte, les habitants remontent leurs bateaux pour les mettre à l'abri des caprices de la mer.

## ❽ Plage de Fossola

Remontez la rampe vers la gauche et continuez : ici s'enchaînent de mémorables panoramas sur la mer. En chemin, vous verrez l'embarcadère des ferries et des amateurs de bronzette, avant de prendre un coude derrière lequel se cache Fossola (p. 129), la petite plage de galets de Riomaggiore, qui invite à une baignade rafraîchissante.

A
B
C
D
E
F
1
2
3
4
0
200 m
Nos adresses
Voir p. 129
Se restaurer p. 129
Prendre un verre p. 131
Shopping p. 131
Via dell' Amore
Piazza Rio Finale
Riomaggiore
A Pié de Mà
Via Telemaco Signorini
Via de Gasperi
Chiesa di San Giovanni Battista
2
11
10
Oratorio di Santa Maria Assunta
Via Pecunia
Via Telemaco Signorini
8
Via Colombo
5
Via di Loca
6
9
4
Piazza Vignaioli
7
Via Malborghetto
SP32
Via San Giacomo
Via Antonio Gramsci
Mer Ligurienne
Plage de Fossola
1
Santuario della Madonna di Montenero
3

# Voir

### Plage de Fossola

PLAGE

1 PLAN P. 128, C4

Cette petite plage de galets s'étend juste au sud-est du port de Riomaggiore, auquel elle est reliée par un court chemin. Envahi par les vacanciers au cœur de l'été, ce délicieux coin de côte rocheuse est cependant légèrement à l'écart du village et offre un paysage méditerranéen encadré de falaises absolument photogénique. Si vous vous baignez, prenez garde aux courants, dangereux par ici.

### Chiesa di San Giovanni Battista

ÉGLISE

2 PLAN P. 128, D1

Dans la partie supérieure du village, cette église fondée en 1340 doit sa façade néogothique à des rénovations de 1870. Elle conserve cependant des éléments d'origine, du XIVe siècle, dont sa rosace en marbre de Carrare et des entrées latérales ornées de représentations zoomorphes et anthropomorphes.

À l'intérieur se trouvent un crucifix en bois sculpté par Anton Maria Maragliano, et un triptyque du XVe siècle représentant une madone à l'enfant en compagnie de saint Roch et de saint Sébastien. (Via Pecunia)

### De Riomaggiore au Santuario della Madonna di Montenero

BALADE

3 PLAN P. 128, E4

Depuis le village, grimpez une heure par le sentier n°593V, via des volées de marches et le long de jardins clos, pour atteindre cette chapelle du XVIIIe siècle restaurée, et admirer à l'intérieur un beau plafond peint à fresque, et à l'extérieur une vue sublime sur la côte.

Ce sentier débute sur le front de mer. Un autre itinéraire, le SVA (ex-sentier n°3), est balisé depuis les hauteurs de Riomaggiore : remontez la Via Colombo, puis suivez la signalisation.

# Se restaurer

### Rio Bistrot

LIGURE €€

4 PLAN P. 128, C3

Parmi les meilleures tables de Riomaggiore, le Rio Bistrot est vanté pour sa cuisine de la mer, et les savantes et délicieuses déclinaisons qu'il en propose au gré de la prise du jour. L'addition est assez salée, elle aussi, mais le service, le cadre et la vue sur la mer la justifient. Si la météo est clémente, réservez une table en terrasse. (0187 92 06 16 ; Via San Giacomo 10 ; repas 40-55 € ; midi-15h et 19h-22h)

### La Cantina del Macellaio

VIANDES €€

5 PLAN P. 128, D2

Presque une exception dans cette région tournée vers la mer, ce restaurant sert du bœuf braisé fondant, des pâtes au sanglier, et d'autres plats carnés simples mais parfaitement exécutés. Le personnel, aux petits soins, et de bons vins complètent ce tableau irréprochable. (0187 92 07 88 ; www.facebook.com/lacantinadelmacellaio.rio ; Via Colombo 103 ; repas 35-45 € ; midi-15h et 19h-23h)

### Il Pescato Cucinato

PRODUITS DE LA MER **€**

6 PLAN P. 128, C2

Quelle merveille de la *street food* que ces assortiments de fritures (calamars, anchois, crevettes, cabillaud) servis dans des cônes en papier ! Les végétariens ne sont pas oubliés, avec les frites et les légumes frits. Emportez ensuite votre festin jusqu'au front de mer, pour faire un repas de roi face à un paysage divin. (Via Colombo 199 ; en-cas autour de 6 € ; 11h30-23h)

### Dau Cila

PRODUITS DE LA MER **€€**

7 PLAN P. 128, C3

Perché juste au-dessus du port mignonnet de Riomaggiore, le Dau Cila offre un cadre épuré et, sur la table, des classiques de la mer et des vins on ne peut plus locaux. Commandez l'un des meilleurs blancs des Cinque Terre pour accompagner quelques assiettes froides du genre thon fumé aux pommes et citron, ou anchois marinés. (0187 76 00 32 ; www.ristorantedaucila.com ; Via San Giacomo 65 ; repas 40-45 € ; 12h30-15h et 19h-22h30)

Enoteca d'uu Scintu

# Prendre un verre

## Fuori Rotta

BAR À VINS

8 PLAN P. 128, C2

Dans une ruelle sur les hauteurs, ce bar convivial change agréablement de ses concurrents très fréquentés du port. Prenez place sur sa terrasse au-dessus des toits de Riomaggiore devant un Spritz rafraîchissant et de savoureux en-cas et assiettes à partager (des plats complets sont aussi proposés). Le matin, il n'y a pas plus agréable pour un cappuccino accompagné d'un gâteau. (☎0187 92 08 38 ; www.facebook.com/Fuorirottario ; Via Telemaco Signorini 48 ; 🕘9h30-20h30 jeu-mar)

## Bar O'Netto

BAR

9 PLAN P. 128, C2

Le troquet le plus animé de Riomaggiore est une institution locale, en activité plus ou moins continue depuis 1921. On y va pour les derniers ragots du village, une bonne bière (dont des artisanales), un verre de vin à prix doux et l'ambiance bon enfant. En janvier-février, ce bar est le seul commerce ou presque à rester ouvert. (Via Malborghetto 4 ; 🕘7h-1h)

## Vertical Bar

BAR

10 PLAN P. 128, D2

Avec sa terrasse sur la Via Colombo, voilà une bonne adresse pour un café ou un cocktail – selon l'heure de la journée. Nulle part ailleurs vous ne trouverez mieux réalisés les classiques du genre Moscow Mule, et le jeune maître des lieux, Fiorenzo, n'a pas son pareil pour mettre tout le monde à l'aise. (Via Colombo 76 ; 🕘9h-23h)

### A Pié de Mà, apéro avec vue

Spot de rêve pour une pause à Riomaggiore, ce **bar en plein air** (plan p. 128, A1 ; ☎0187 92 10 37 ; www.facebook.com/apiedemariomaggiore ; Via dell'Amore 55 ; 🕘11h-23h mer-lun juin-sept, 11h-18h30 mer-lun oct-mai) est accroché à la falaise, face à la grande bleue. À la carte, des bières artisanales du coin (dont la Birrificio del Golfo, de La Spezia, à la pression), du café, quelques desserts, et une sélection soignée de vins des Cinque Terre.

Suivez les panneaux jusqu'à la Via dell'Amore, vers la gauche en quittant la gare.

# Shopping

## Enoteca d'uu Scintu

ÉPICERIE

11 PLAN P. 128, D2

Cette boutique presque tout en haut de la Via Colombo renferme un bon choix de spécialités locales : *pesto alla genovese*, huiles d'olive extra-vierges, savons au citron, jolies bouteilles de limoncello, vins et grappa, sans oublier des douceurs comme ces biscuits *amaretti* joliment emballés. (☎0187 92 09 65 ; Via Colombo 84 ; 🕘9h-22h)

Randonnée

## Sentiero Rosso – Alta Via delle Cinque Terre

*À peine moins longue qu'un marathon, l'Alta Via delle Cinque Terre (AV5T), soit 38 km de Porto Venere à Levanto, fait de l'œil aux meilleurs randonneurs, qui se lancent pour défi de la "faire" en un à deux jours. Infiniment moins fréquenté que le Sentiero Azzuro, ce Sentier rouge est un itinéraire exigeant mais des plus gratifiants.*

### Comment y aller

Partez tôt prendre le train pour La Spezia, puis un bus jusqu'à Porto Venere.

## ❶ Porto Venere

À Porto Venere, rejoignez la Piazza Giacamo Bastreri et prenez l'escalier qui monte au Castello Doria (photo page ci-contre ; p. 139). Vous verrez bientôt les premières signalisations indiquant le sentier et la prochaine étape, Campiglia.

## ❷ Forte Muzzerone

Longez les murs du château tout en continuant de grimper pour déboucher sur un étroit sentier rocailleux qui suit la côte. Vous passerez près des ruines du Forte Muzzerone, un fort du XIX<sup>e</sup> siècle qui fut exploité durant les deux guerres mondiales. Les parois des falaises par ici sont très prisées par les amateurs d'escalade.

## ❸ Marmo Portoro

Laissez le fort derrière vous : vous atteindrez bientôt une carrière de portor, ou *marmo portoro*, un marbre noir veiné de jaune d'or assez rare. L'exploitation du marbre autour de Porto Venere remonte à l'époque romaine ; des 30 carrières que comptait la région en 1830, il n'en reste aujourd'hui qu'une en activité.

## ❹ Pitone

Le chemin se fait plus abrupt et, par endroits, proprement vertigineux. Il conduit à un point de vue formidable sur Porto Venere, le Pitone : cette avancée rocheuse ménage un balcon naturel haut perché au-dessus de la mer. Vous reconnaîtrez les sommets que vous avez franchis et apercevrez les îles de Palmaria et de Tino, ainsi qu'un bout de Tinetto, juste au large de Porto Venere.

## ❺ Campiglia

L'ascension se poursuit, nécessitant parfois de grimper sur de gros rochers, et à travers une végétation méditerranéenne dense. Il faut encore une quarantaine de minutes avant

### ★ À savoir

- Si vous comptez entreprendre cette randonnée en entier, Porto Venere (p. 138) constitue sans doute le meilleur camp de base.
- Portez de bonnes chaussures de marche, couvrez-vous la tête et appliquez de la crème solaire. Emportez suffisamment d'eau pour tout votre parcours (les points d'eau sont peu nombreux).

### ✕ Une petite pause ?

Le randonneur ne trouvera pas ici meilleure adresse pour manger un morceau que le **Colle del Telegrafo** (☎0187 76 05 61 ; Località Colle del Telegrafo ; repas 25-35 € ; ⊙9h-20h mar-dim), qui combine délicieux en-cas (et anchois) et vue fabuleuse.

Après pareil périple, vous aurez amplement mérité un verre au Contro Vento (p. 65), à Levanto.

d'atteindre le hameau de Campiglia (à environ 6 km de Porto Venere). Juste avant se trouvent les ruines d'un moulin du XVIIe siècle. Vous passerez devant l'église (sur votre gauche) et traverserez tout le village en suivant les panneaux AV5T.

## ❻ Valico di Sant'Antonio

Grimpez encore et toujours, cette fois parmi les vergers et les vignobles. Vous apprécierez le panorama sur la baie de La Spezia, puis la fraîcheur bienvenue à l'ombre d'une forêt mêlant pins, châtaigniers et chênes. À 2,3 km de Campiglia, le Valico di Sant'Antonio (col Saint-Antoine, altitude 508 m) est marqué par une chapelle et une fontaine où vous pourrez boire une eau bien fraîche. Là, quelques habitués font parfois de l'exercice dans les bois dans la *Palestra nel Verde* (parcours sportif en plein air).

## ❼ Colle del Telegrafo

Un tronçon plus plat monte la Colle del Telegrafo, colline ainsi nommée en raison des câbles de télégraphe autrefois installés ici. Ces 4 km depuis Campiglia prennent une heure environ, mais le restaurant du même nom vous permettra de savoir que vous y êtes – et de recharger vos batteries avec quelques bruschettas et une boisson fraîche sur la terrasse dominant la mer.

## ❽ Cigoletta

Si vous avez votre compte de marche, prenez le sentier n°593 (SVA3) pour redescendre à Riomaggiore – c'est cependant

un peu dommage, car vous avez fait le plus dur du parcours. Sinon, continuez en direction de Cigoletta (altitude 611 m) pour environ 7 km, soit trois heures de marche, d'un terrain broussailleux, à découvert, vers une dense forêt d'où la Méditerranée n'est plus qu'une tache bleue à travers l'épais feuillage.

## ❾ Il Termine

La clairière d'Il Termine s'ouvre à environ 7 km de Cigoletta. Sur ce tronçon, le sentier grimpe parfois, mais gentiment, sur les flancs du mont Malpertuso, le point culminant des Cinque Terre (815 m). La mer semble bien loin, mais se déroule encore dans de jolis panoramas quand on tourne le dos aux vertes vallées de l'intérieur. Parfois nimbé de brume, ce coin enchanteur et peu fréquenté des Cinque Terre semble à des lieues des villages touristiques de la côte.

Au niveau d'Il Termine, le SP51 croise le SP38, plus fréquenté, en un carrefour en forme de T. Traversez le SP38 et avancez sur 50 m vers la gauche (dans la direction de la pancarte brune indiquant le Santuario di Saviore). Ouvrez l'œil pour dénicher le sentier mal dessiné, un peu envahi par la végétation, qui quitte la route et monte vers la droite. Si vous préférez rendre visite à la Madonna di Saviore et descendre vers Monterosso, il vous faudra suivre la route pour prendre le sentier 1 km plus loin.

## ❿ Colle di Gritta

Moins de 2 km séparent Il Termine de Crocettola, un col situé sous le sommet du mont Crocettola (609 m). De là, l'AV5T rejoint la route goudronnée qui part loin vers le nord jusqu'à Bardellone, bien au-delà des limites du parc national. Ne la suivez pas : prenez à gauche (direction sud-ouest) pour emprunter le n°591c qui descend à Colle di Gritta.

## ⓫ Punta Mesco

À Colle di Gritta, continuez dans la même direction par le sentier n°591. Pour faire le parcours jusqu'au bout, il reste à peine plus de 4 km jusqu'à Sant'Antonio, sur la Punta Mesco. Si cependant l'énergie vous manque, il est possible de couper par le sentier n°572 ou le n°573 pour rejoindre directement Levanto. Les courageux qui pousseront jusqu'à Sant'Antonio (1 heure 15 de bonne marche depuis Colle di Gritta) y découvriront un panorama spectaculaire sur la côte et la Méditerranée, ainsi que les ruines d'une église et d'un ermitage du XIVe siècle.

## ⓬ Levanto

De Sant'Antonio, l'itinéraire longe la mer vers le nord-ouest jusqu'à Levanto, à environ 4 km : en chemin s'enchaînent les beaux paysages, entre pinèdes, maquis et forêt de chênes verts. Bientôt, enfin, vous apercevrez des toits : c'est Levanto, le bout du parcours !

Explorer

# La Spezia et le Golfo dei Poeti

*Grande ville pleine de vie mais sous-estimée, La Spezia fait un excellent point de chute. Au bord d'un golfe de carte postale qui doit son nom aux poètes anglais qui, dans les années 1820, jetèrent leur dévolu sur la région, les anciens villages de pêcheurs de Porto Venere, Lerici et Tellaro sont d'une beauté saisissante.*

## Notre sélection

- ***Grotta di Byron (p. 139)***. *Ces terrasses naturelles formaient jadis une grotte qui vit passer (dit-on) le célèbre poète anglais, adorateur de Porto Venere.*
- ***Palmaria (p. 99)***. *Les randonneurs arpentant les sentiers de l'île jouissent de spectaculaires points de vue.*
- ***Tellaro (p. 142)***. *Découvrez un joli village où prendre l'aperitivo face à la mer, et entreprendre d'agréables balades vers des hameaux abandonnés.*
- ***Castello di Lerici (p. 141)***. *Ce château au-dessus de Lerici offre une vue imprenable sur le Golfo dei Poeti.*
- ***Resilience Cafe (p. 147)***. *À La Spezia, dégustez un cocktail à cette chaleureuse adresse d'habitués.*

## Comment y aller et circuler

Des trains fréquents relient La Spezia aux villages des Cinque Terre, mais aussi à Gênes.

Train et bateau permettent de rejoindre facilement les villages des Cinque Terre et autres bourgades côtières.

Depuis la Via Fiume, en contrebas de la gare ferroviaire de La Spezia, les lignes de bus n°11 et P desservent Porto Venere (2,50 €) ; les bus L et S rallient Lerici.

Plan de La Spezia p. 144

Grotta di Byron et Castello Doria (p. 139), Porto Venere

BUMIHILLS/SHUTTERSTOCK ©

## Les incontournables

# Porto Venere

*Juchées à la pointe occidentale du sublime Golfo dei Poeti, les hautes maisons biscornues de ce gros bourg de pêcheurs grimpent sur sept à huit niveaux, formant une espèce de forteresse autour de l'imposant Castello Doria. Porto Venere fait un pittoresque but d'excursion à la journée, ou une base agréable pour rayonner sur la côte.*

**Office du tourisme**

www.prolocoportovenere.it

Piazza Bastreri 7

10h-midi et 15h-19h juin-août, 10h-midi et 15h-18h jeu-mar sept-mai

## Grotta di Byron

Au bout du quai, une vue panoramique sur les Cinque Terre se déploie depuis les rochers en terrasses de l'ex-Grotta Arpaia, rebaptisée grotte de Byron. C'est en partant d'ici que le poète aurait jadis traversé le golfe à la nage pour rejoindre ses amis Percy et Mary Shelley, installés à San Terenzo, près de Lerici. La grotte s'est effondrée mais la configuration de la roche compose un paysage tourmenté, romantique à souhait.

Pour ne rien gâcher, on a découvert ici des traces d'un temple païen consacré à Vénus (d'où, peut-être, le nom de "Venere"), tout comme dans la **Chiesa di San Pietro** (photo page ci-contre ; www.parrocchiaportovenere.it ; 8h30-19h juin-sept, 8h30-17h30 oct-mai). À quelques encablures de là émergent les îles de Palmaria, Tino et Tinetto.

## Castello Doria

Nul ne sait précisément de quand date le **château** d'origine (tarif plein/réduit 5/3 € ; 10h-18h avr-oct), mais l'actuelle construction, exemple remarquable d'architecture militaire génoise, remonte au XVI^e^ siècle. Il n'y a pas grand-chose à voir à l'intérieur hormis les détails architecturaux, et le panorama est superbe depuis les jolis jardins en terrasses.

## Histoire

Édifiée par les Romains comme base sur la route reliant la Gaule à l'Espagne, l'ancienne Portus Veneris vit passer au cours des siècles Byzantins, Lombards, Génois et troupes napoléoniennes, qui tous apprécièrent son cadre naturel bien défendu. Au-delà de ses qualités stratégiques, le site attira aussi nombre d'artistes par sa beauté.

### ★ Comment s'y rendre

Des bus partent toutes les heures de la Via Fiume à La Spezia (en contrebas de la gare) pour Porto Venere (2,50 €).

De fin mars à octobre, le Consorzio Marittimo Turistico Cinque Terre Golfo dei Poeti assure la traversée entre Porto Venere et tous les ports des Cinque Terre (toute la journée ; tous les arrêts 35 €, aller simple 27 €, billet pour l'après-midi seulement 27 €).

Il est impossible de stationner dans la ville en été : un parking est aménagé juste à l'entrée, avec une navette (1 € par personne) qui circule toute la journée.

### Une petite pause ?

Attrapez un panini ou une tourte entière chez **Anciua** (331 7719605 ; Via Cappellini 40 ; en-cas à partir de 6 € ; 11h-19h) pour un pique-nique au bord de la mer.

## Les incontournables

# Lerici et San Terenzo

*Magnolias, ifs et cèdres agrémentent les jardins publics des années 1930 à Lerici, villégiature huppée où les villas s'étagent sur les falaises dominant la plage. Autrefois, Byron et Shelley vinrent ici chercher l'inspiration. De Lerici, un splendide sentier littoral de 3 km se déroule jusqu'au village de San Terenzo, au nord-ouest, qui se targue d'une plage de sable et d'une forteresse génoise.*

**Offices du tourisme**

Vous trouverez par ici plusieurs kiosques d'information touristique, notamment à Lerici sur le front de mer, près de la Piazza Garibaldi.

## Castello di Lerici

Posé haut sur son perchoir rocheux, le **château** de Lerici (photo page ci-contre ; Piazzetta San Giorgio ; entrée libre ; ⏲10h-midi et 15h-18h mar-dim mai-juin et mi-sept à oct, 10h-midi et 18h-23h juil à mi-sept) est le gardien de la ville depuis le Moyen Âge. Reconstruite à maintes reprises, cette citadelle aux murs épais est aujourd'hui un espace d'exposition. Ses majestueuses terrasses offrent une vue imprenable sur les alentours.

## Via Cavour

Débouchant sur la Piazza Garibaldi, à Lerici, cette charmante rue piétonne est bordée de boutiques attirantes, d'une *focacceria*-caviste et de plusieurs appétissants restaurants de poissons. À son extrémité ouest se trouvent l'Oratorio San Rocco et son clocher, du début du XVIe siècle.

## Plages

San Terenzo possède une jolie plage de sable où alternent tronçons publics et zones privatisées avec transats et parasols à louer. Les eaux sont ici particulièrement tranquilles, grâce au long brise-lames aménagé à 100 mètres du bord.

Pour plus de solitude, rendez-vous sur les plages sauvages au pied des falaises derrière le Castello di Lerici. Prenez le tunnel sous le château qui part de la Via Giuseppe Mazzini, puis descendez l'escalier jusqu'à la première de ces plages. Pour rejoindre les suivantes, il vous faudra de bonnes chaussures pour grimper sur les rochers – à éviter si vous êtes avec des enfants.

### ★ Comment y aller et circuler

Des bus **ATC Esercizio** (www.atcesercizio.it) circulent vers Lerici et San Terenzo au départ de la gare de La Spezia (35 minutes, 2,50 €).

Les places pour stationner sont rares : mieux vaut se déplacer à pied entre les villages et à l'intérieur de chacun, et en bus pour rejoindre Tellaro depuis Lerici ou San Terenzo.

### ✕ Une petite pause ?

Sur la Piazza Garibaldi de Lerici, **Dal Pudu** (Piazza Garibaldi 10 ; plats 10-18 € ; ⏲midi-15h et 19h-22h) est une adresse de choix pour des poissons et fruits de mer à emporter.

## Les incontournables

# Tellaro

*Avec des collines plantées d'oliviers et de chênes pour toile de fond verdoyante, les maisons roses et orange délavé de Tellaro surplombent plusieurs criques sur un coin de Riviera à la beauté sauvage. Ce hameau compact se résume à des rues étroites, quelques placettes et de beaux panoramas sur la côte rocheuse.*

**Offices du tourisme**

Punto Informativo

0187 96 91 64

Via Fiascherino

9h-13h mar-dim mi-juin à mi-sept, 9h-13h sam-dim avr à mi-juin et mi-sept à oct

## Jolies balades

De nombreux sentiers sillonnent cette partie de la région. Vous pouvez ainsi relier Lerici à Tellaro par des chemins à flanc de collines, entre vieilles oliveraies, villages abandonnés et points de vue époustouflants sur la côte.

Un sentier de randonnée juste au-dessus de Tellaro passe par les vestiges de Portesone, un très ancien village abandonné au XVII^e^ siècle, sans doute en raison d'une épidémie de peste. La forêt accomplit ici son patient travail de reconquête des pierres, et au milieu des vieilles bâtisses sans toit prospèrent oliviers, figuiers et coquelicots.

De Lerici, il faut grimper environ 15 minutes pour atteindre Portesone. Prenez le sentier n°431 depuis la route principale (Via Fiascherino/SP26), juste au nord de la grosse Chiesa di Stella Maris. Après Portesone, vous pouvez prolonger jusqu'à un autre village abandonné, Barbazzano, par le sentier n°433.

## Chiesa di San Giorgio

Construite dans la seconde moitié du XVI^e^ siècle, l'imposante Chiesa di San Giorgio occupe un haut perchoir surplombant la côte. Sur son portail, un bas-relief en marbre de Carrare représente saint Georges, à cheval, terrassant le dragon. Selon la légende, dans les années 1660, c'est une pieuvre qui sonna les trois cloches de l'église pour prévenir les villageois d'une attaque des Sarrasins.

## Plages

Tellaro ne possède pas de plage, au contraire du village voisin de Fiascherino (à un peu plus de 1 km au nord) : là, les rubans de sable sont splendides, et leurs eaux abritées idéales pour la baignade. Ce coin est d'une beauté irrésistible – en 1913 déjà, l'écrivain anglais D.H. Lawrence en était tombé amoureux.

### ★ Comment y aller et circuler

Comptez environ un bus par heure au départ de Lerici (Piazza Garibaldi) : ils desservent Tellaro (1,50 €) en passant par Fiascherino.

### Une petite pause ?

L'**Osteria del Borgo** (0187 96 68 68 ; Via Gramsci 22 ; repas 35-45 € ; midi-14h30 et 19h-22h) est la meilleure option pour d'appétissantes recettes de poisson frais, des pâtes de la mer et diverses déclinaisons du poulpe. Réservez ou arrivez tôt pour une table sur la terrasse surplombant le front de mer.

Au **Bar la Marina** (Piazza Quattro Novembre 2 ; 10h-22h), on sirote Spritz et verres de vin à une terrasse installée sur les pavés du petit port. Venez pour le coucher du soleil, et vous comprendrez ce qui ensorcela Byron et Shelley.

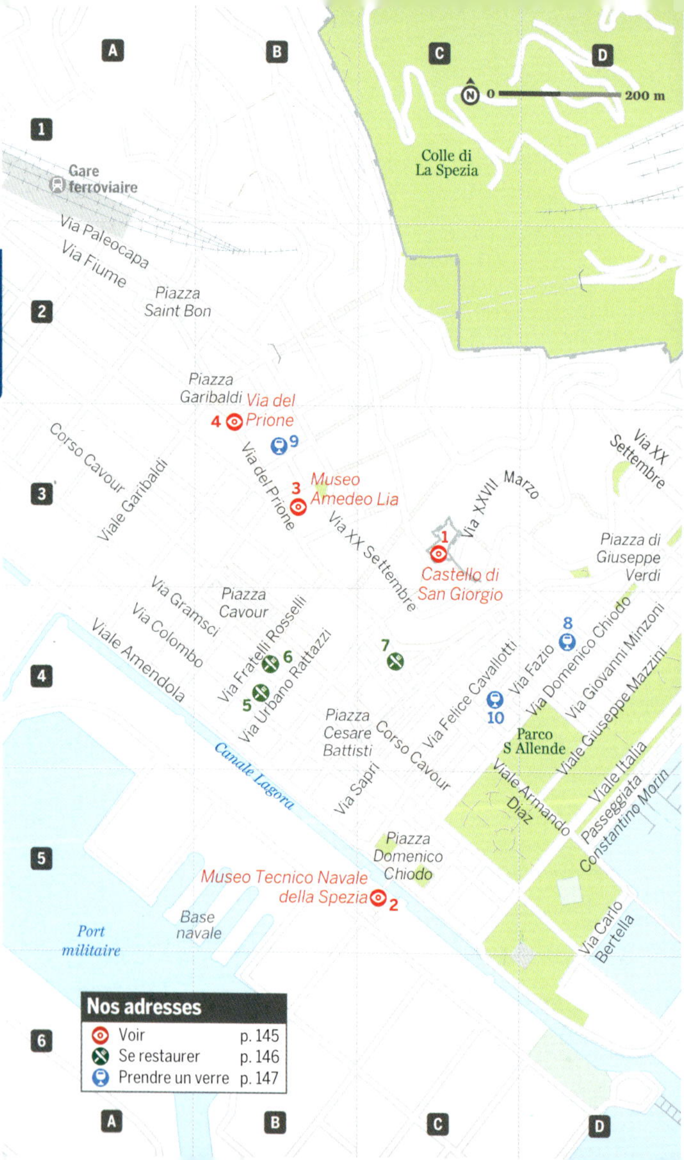
A
B
C
D
1
2
3
4
5
6
0
200 m
Colle di La Spezia
Gare ferroviaire
Via Paleocapa
Via Fiume
Piazza Saint Bon
Piazza Garibaldi
Via del Prione
4
9
Corso Cavour
Viale Garibaldi
Via del Prione
3
Museo Amedeo Lia
Via XX Settembre
Via XXVII Marzo
1
Castello di San Giorgio
Via XX Settembre
Piazza di Giuseppe Verdi
Via Gramsci
Piazza Cavour
Via Colombo
Viale Amendola
Via Fratelli Rosselli
6
5
Via Urbano Rattazzi
7
8
Via Fazio
Via Domenico Chiodo
Via Giovanni Minzoni
Via Felice Cavallotti
10
Viale Giuseppe Mazzini
Parco S Allende
Piazza Cesare Battisti
Corso Cavour
Via Sapri
Canale Lagora
Viale Armando Diaz
Viale Italia
Passeggiata Constantino Morin
Piazza Domenico Chiodo
Museo Tecnico Navale della Spezia
2
Base navale
Port militaire
Via Carlo Bertella
Nos adresses
Voir p. 145
Se restaurer p. 146
Prendre un verre p. 147

# Voir

## Castello di San Giorgio

CHÂTEAU

1 PLAN P. 144, C3

Dans la forteresse qui domine la ville, un musée expose les fruits, datant de la préhistoire au Moyen Âge, de fouilles archéologiques locales. Statues délicates, exquises mosaïques, poteries, bijoux et verres restés miraculeusement intacts sont à voir, ainsi que le panorama fabuleux qu'offrent les terrasses du château sur la ville et la mer. L'ouvrage lui-même, imposant, a connu maintes transformations depuis sa construction au XIVe siècle. (museodelcastello.spezianet.it ; Via XXVII Marzo ; tarif plein/réduit 5,50/4 € ; 10h30-12h30 lun, 10h30-12h30 et 14h-17h mer-dim juin-août, 9h30-12h30 lun, 9h30-12h30 et 14h-17h mer-dim sept-mai)

## Museo Tecnico Navale della Spezia

MUSÉE

2 PLAN P. 144, C5

Les amateurs ne manqueront pas le plus vieux musée naval du monde, que l'on rejoint par une passerelle à quelques rues au sud-ouest du Parco Salvador Allende. Ce véritable cabinet de curiosités maritimes expose notamment maquettes de navires fameux et extraordinaires scaphandriers, et consacre une section à l'invention de la télégraphie sans fil par Marconi. À l'étage, l'envoûtante Sala delle Polene rassemble 28 figures de proue qui appartenaient à d'imposants navires. La plus ancienne, une Minerve portant épée et bouclier, date de 1738. (0187 78 47 63 ; Viale Amendola 1 ; 1,55 € ; 8h30-19h30).

## Museo Amedeo Lia

MUSÉE

3 PLAN P. 144, B3

Ce remarquable musée d'art, installé dans un monastère du XVIIe siècle restauré, est le joyau de l'offre culturelle de La Spezia. Sa collection, riche d'un millier d'œuvres, compte des tableaux de grands maîtres tels Tintoret, Montagna, Titien ou Pietro Lorenzetti. À voir également : des bronzes romains, de l'art liturgique (dont un crucifix venu de Limoges) et des partitions musicales enluminées. (Museolia.spezianet.it ; Via del Prione 234 ; tarif plein/réduit 10/7 € ; 10h-18h mar-dim)

## Via del Prione

RUE

4 PLAN P. 144, B3

Si vous ne faites que passer à La Spezia, accordez-vous au moins une balade dans cette charmante rue piétonne qui serpente dans le centre historique : parmi les plus anciennes artères de la ville, elle est jalonnée de boutiques, de cafés, de restaurants et de plusieurs musées (en plus de l'office du tourisme). En poussant jusqu'au bout, vous atteindrez les jardins publics – la mer est juste derrière.

# Se restaurer

## Il Papeoto

VÉGÉTARIEN **€€**

**5** PLAN P. 144, B4

Cette accueillante *osteria* (taverne) mitonne des assiettes végétariennes aussi belles à regarder qu'inventives. On retrouve des saveurs riches et complexes dans ses gnocchis à la ricotta et aux amandes, ou encore son œuf croustillant avec asperges en sauce safran – et ne passez pas à côté des desserts ! Déco zen, entre affiches de botanique anciennes, chic industriel et touches végétales. Réservation recommandée. (0187 150 95 68 ; www.facebook.com/ristorantevegetariano ; Via Urbano Rattazzi 25 ; repas 26-32 € ; 19h30-22h30 lun-sam ; )

## Osteria all'Inferno dal 1905

LIGURE **€**

**6** PLAN P. 144, B4

Arrivez tôt pour avoir une table dans cette vaste *osteria*, haut lieu de la *cucina spezzina* (cuisine de La Spezia). Comme son nom l'indique, ce restaurant a été fondé en 1905 : cela fait donc cinq générations d'adeptes de ses copieuses assiettes de ragoût de morue, anchois frits, sanglier à la polenta et autres recettes réconfortantes. (0187 2 94 58 ; Via Lorenzo Costa 3 ; repas 20-30 € ; 12h15-14h30 et 19h30-22h30 lun-sam ; )

Museo Tecnico Navale della Spezia (p. 145)

IMAGE PROFESSIONALS GMBH/ALAMY STOCK PHOTO ©

### La Pia Centenaria

LIGURE €

7 PLAN P. 144, C4

Les habitants chérissent cette institution fondée en 1887, réputée en particulier pour sa *farinata* (crêpe de farine de pois chiches) tout juste sortie du four. Elle prépare aussi des pizzas cuites à la perfection, de la bonne focaccia (dont la très fromagée *focaccia di Recco*) et de la tourte aux légumes. Salle décontractée où s'attabler, et guichet de vente à emporter. (www.lapia.it ; Via Magenta 12 ; farinata/pizza à partir de 2/4 € ; 10h-22h)

## Prendre un verre

### Resilience Cafe

BAR

8 PLAN P. 144, D4

Voilà une charmante destination pour un verre avant ou après le dîner que ce bar cosy et décontracté, avec murs framboise, bibliothèques bien garnies, lampes anciennes et mobilier vintage. Les cocktails bien réalisés arrivent dans de beaux verres ; vous pouvez choisir les ingrédients de votre bruschetta, et commander aussi des planches de fromages et charcuteries. (www.facebook.com/resiliencecafe ; Via Vanicella 8 ; 18h-minuit lun-jeu, 18h-1h ven-sam)

### La Taverna del Metallo

BAR

9 PLAN P. 144, B3

Association réconfortante entre heavy metal et atmosphère médiévale, ce troquet à deux pas de la Via del Prione fait dans les chandelles dégoulinantes, la pierre apparente et une bande-son hard rock pas trop bruyante. Idéal pour savourer d'excellentes bières italiennes, belges, allemandes et irlandaises, voire un repas complet. (349 8639139 ; www.facebook.com/latavernadelmetallo ; Via Cernaia 17 ; 20h-2h)

### Odioilvino

BAR À VINS

10 PLAN P. 144, C4

Mêlez-vous aux gens du cru dans ce bar bohème à l'ambiance tamisée, situé dans une jolie rue du centre piétonnier, devant un verre de vin de Ligure ou une bière artisanale du coin. On calera une petite faim grâce à un tartare de poisson, des anchois au pesto, des fromages, ou encore une salade de poulpe. (392 2141825 ; www.facebook.com/Odioilvino ; Via Daniele Manin 11 ; 12h30-15h30 et 18h-23h lun-jeu, 12h30-15h30 et 18h-minuit ven-sam)

DIVO LAVRENTIO

# Carnet pratique



Cattedrale di San Lorenzo, Gênes (p. 42) OLENA Z/SHUTTERSTOCK ©

# Avant de partir

## Hébergement

- Il est impératif de réserver pour la haute saison.
- De nombreux habitants des Cinque Terre louent des chambres, parfois avec terrasse. Guettez les panneaux "*affittacamere*", et renseignez-vous dans les bars et magasins.
- La Spezia et Levanto sont de bons points de chute pour explorer les Cinque Terre, facilement accessibles en train.

## Sites Internet

**B&B Italia** (www.bbitalia.it). Petite sélection de chambres d'hôtes abordables en Ligurie.

**Secret Places** (www.secretplaces.com). Sélection de pépites.

## Petits budgets

**La Superba** (la-superba.com). Une adresse gérée avec amour aux deux derniers étages d'un *palazzo* génois ancien.

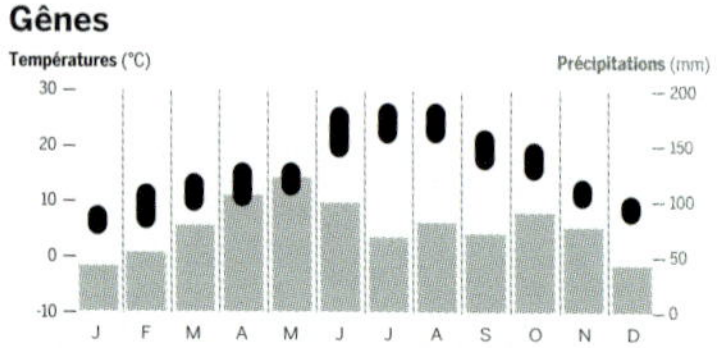


## Quand partir

- **Printemps** Les mois de mars à mai peuvent être humides, mais les touristes sont rares et l'hébergement bon marché.
- **Été** Les Cinque Terre sont très fréquentées de juin à début septembre, mais la météo est parfaite pour la baignade et la randonnée.
- **Automne** Fin septembre et octobre constituent une bonne période ; il fait beau et il y a moins de monde.
- **Hiver** Beaucoup d'hôtels, restaurants et magasins ferment. Les sentiers de randonnée sont parfois traîtres à cause de la pluie, et certains sont fermés.

**L'Eremo sul Mare** (www.eremosulmare.com). Charmante villa au bord d'une falaise près de Vernazza.

**Il Magan** (www.vernazzani5terre.it). À Corniglia, quatre chambres rustiques d'une belle simplicité jouissant d'une vue spectaculaire.

**Alta Marea** (www.affittacamerealtamarea.it). Séduisant établissement de La Spezia possédant des chambres vastes et lumineuses.

## Catégorie moyenne

**Palazzo Grillo** (www.hotelpalazzogrillo.it). Un palais de Gênes associant fresques d'origine et décoration contemporaine.

**Hotel Marina Piccola** (www.hotelmarinapiccola.com). Chambres modernes, vastes et confortables, certaines avec vue sur la mer, à Manarola.

**Arbaspàa** (www.arbaspaa.com). Agence de location

## Voyages et changements climatiques

Tous les moyens de transport fonctionnant à l'énergie fossile génèrent du $CO_2$ – la principale cause du changement climatique induit par l'homme. L'industrie du voyage est aujourd'hui dépendante des avions. Si ceux-ci ne consomment pas nécessairement plus de carburant par kilomètre et par personne que la plupart des voitures, ils parcourent en revanche des distances bien plus grandes et relâchent quantité de particules et de gaz à effet de serre dans les couches supérieures de l'atmosphère. De nombreux sites Internet utilisent des "compteurs de carbone" permettant aux voyageurs de compenser le niveau des gaz à effet de serre dont ils sont responsables par une contribution financière à des projets respectueux de l'environnement. Lonely Planet "compense" les émissions de tout son personnel et de ses auteurs.

basée à Manarola proposant de beaux appartements dans les cinq villages.

**La Mala** (www.lamala.it). Chambres contemporaines sur les hauteurs de Vernazza, avec vue splendide sur la mer.

## Catégorie supérieure

**La Torretta Lodge** (www.torrettas.com). Boutique-hôtel de Manarola décoré de fresques et de meubles anciens.

**Blu di Te** (it.bludite.com). Magnifique villa à Santa Margherita Ligure.

**Villa Rosmarino** (villarosmarino.com). Villa de Camogli renfermant de beaux meubles et œuvres d'art du XX^e^ siècle.

**Grand Hotel Villa Balbi** (www.villabalbi.it). Hôtel somptueux sis dans une villa du XVII^e^ siècle, à Sestri Levante.

# Arriver aux Cinque Terre et à Gênes

## Avion

### Aéroport Cristoforo-Colombo

- Des vols domestiques et internationaux desservent l'**aéroport Cristoforo-Colombo** (☎ 010 6 01 51 ; www.airport.genova.it), situé à 6 km à l'ouest de Gênes.
- Des navettes **Volabus** (☎ 848 000030 ; www.amt.genova.it ; aller 6 €) relient l'aéroport au centre-ville (30 minutes) et aux deux principales gares ferroviaires de Gênes (Piazza Principe et Brignole) au moins une fois par heure entre 5h et 0h20.
- Des navettes **Flybus** (☎ 848 000030 ; www.amt.genova.it ; aller 1,50 €) assurent également toutes les 15 minutes, de 6h à 22h, la liaison avec la gare ferroviaire de Genova Sestri Ponente, qui permet de rallier les

## Un fil d'Ariane en voyage

Vous êtes ressortissant français ? Pensez à vous enregistrer sur le **portail Ariane** (pastel.diplomatie.gouv.fr/fildariane) du ministère des Affaires étrangères. Ce service gratuit vous permet de recevoir des alertes si la situation le justifie. Crise politique, catastrophe naturelle, attentat... recevez en temps réel des consignes de sécurité lors de votre voyage.

Il existe une application pour les Smartphones et les tablettes, intitulée *Conseils aux voyageurs*.

principales villes de la région.

- En taxi, comptez entre 20 et 30 € pour rejoindre le centre de Gênes.

## Depuis la France

- Lors de nos recherches, **Air France** (☎ 36 54, 0,34 €/mn ; www.airfrance.com), par l'intermédiaire de sa filiale **Hop !** (☎ 0892 70 22 22 ; www.hop.fr), proposait des vols directs (1 heure 40) quotidiens à destination de Gênes au départ de Paris-Charles-de-Gaulle en saison estivale (à partir de 100 € A/R).
- La principale compagnie italienne, **Alitalia** (☎ 0892 655 655 ; www.alitalia.com), ainsi que **KLM** (www.klm.com) et **Lufthansa** (www.lufthansa.com) assurent également des liaisons avec escale depuis Paris-CDG (à partir de 120 € A/R).
- De nombreux vols avec au moins une escale relient en outre Gênes aux grandes villes de l'Hexagone (Bordeaux, Marseille, Lyon, Montpellier, Nantes, Toulouse, Rennes, Strasbourg, etc.).

## Depuis la Belgique

- Au départ de Bruxelles, plusieurs compagnies, parmi lesquelles **Alitalia** (☎ 0892 655 655 ; www.alitalia.com), **KLM** (www.klm.com) et **Lufthansa** (www.lufthansa.com), desservent quotidiennement l'aéroport de Gênes avec au moins une escale en haute saison (à partir de 175 € A/R).

## Depuis la Suisse

- **Air France** (☎ 36 54, 0,34 €/mn ; www.airfrance.com), **Alitalia** (☎ 0892 655 655 ; www.alitalia.com), **KLM** (www.klm.com) et **Lufthansa** (www.lufthansa.com) proposent des vols avec escale pour Gênes depuis les aéroports de Bâle, Genève et Zurich (à partir de 165 CHF A/R).

## Depuis le Canada

- Des vols avec au moins une escale, assurés notamment par **Air France** (☎ 36 54, 0,34 €/mn ; www.airfrance.com), **Alitalia** (☎ 0892 655 655 ; www.alitalia.com), **Delta** (fr.delta.com) et **KLM** (www.klm.com), relient Gênes à Calgary, Montréal, Toronto et Vancouver (à partir de 1025 $CA A/R).

# Train

## Gares ferroviaires de Gênes

- La **Stazione Piazza Principe**

(www.genovapiazzaprincipe.it) et la **Stazione Brignole** (www.genovabrignole.it) de Gênes bénéficient de liaisons fréquentes avec Milan (13,50-22 €, 1 heure 30 à 2 heures), Pise (27 €, 2 heures), Rome (64 €, 5 heures) et Turin (12,40 €, 2 heures).

- Depuis la France, la **SNCF** (☎36 35, 0,34 €/mn ; www.oui.sncf) propose des trajets au départ de Paris-Gare de Lyon avec au moins une correspondance à Bâle, Milan, Nice, Turin ou Vintimille.
- Des trains **Thello** (www.thello.fr) desservent Gênes au départ de Marseille (5 heures 30, à partir de 25 € aller), via Toulon, Saint-Raphaël, Cannes, Antibes et Nice.
- Depuis la Suisse, la compagnie nationale de chemin de fer **CFF** (www.sbb.ch) relie les principales villes du pays à Gênes, avec au moins une correspondance à Milan.

### Gare centrale de La Spezia

- Sur la ligne Gênes-Rome, La Spezia est aussi reliée à Milan (29 €, 3 heures 30, toutes les 2 heures), Turin (40-42 €, 3 heures 30, plusieurs trains par jour) et Pise (8-16 €, 50 minutes à 1 heure 20, presque toutes les heures).

### Bus

- Depuis la France, les compagnies **BlaBlaBus** (ex Ouibus ; fr.ouibus.com) et **Flixbus** (www.flixbus.fr) proposent des trajets entre Paris et Gênes avec une correspondance. Au départ de Marseille, des liaisons directes sont assurées (environ 6 heures, à partir de 20 € aller), via Cannes et Nice.

## Comment circuler

### Train

- Des trains fréquents relient Gênes à Camogli, Santa Margherita Ligure, Rapallo, Sestri Levante, Levanto, aux villages des Cinque Terre et à La Spezia.

### Ferry

- Les nombreux ferries de la région sont généralement opérationnels d'avril à octobre.
- Depuis le Porto Antico de Gênes, les bateaux

### Conseils aux voyageurs

La plupart des gouvernements possèdent des sites Internet qui recensent les dangers possibles et les régions à éviter. Consultez notamment les sites suivants :

- **Ministère des Affaires étrangères français** (www.diplomatie.gouv.fr)
- **Ministère des Affaires étrangères de Belgique** (diplomatie.belgium.be/fr)
- **Département fédéral des Affaires étrangères suisse** (www.eda.admin.ch/eda/fr/dfae.html)
- **Ministère des Affaires étrangères du Canada** (voyage.gc.ca)

de **Golfo Paradiso SNC** (☎ 392 1375558 ; www.golfoparadiso.it) rallient Camogli (aller/aller-retour 10/17 €), Portofino (15/24 €) et les Cinque Terre (21/38 €). La compagnie **Consorzio Liguria Via Mare** (☎ 010 265712, 010 256775 ; www.liguriaviamare.it) assure des liaisons saisonnières vers Camogli, San Fruttuoso et Portofino, Monterosso dans les Cinque Terre et Porto Venere.

## Bus

**Portofino** Le bus n°82 dessert Portofino. Départ à l'extérieur de l'office du tourisme, en bord de mer, à Santa Margherita Ligure (1,80 €, toutes les 15 à 30 minutes).

**Porto Venere** Des bus (n°11 ou P) partent toutes les heures de la Via Fiume, juste au-dessous de la gare ferroviaire de La Spezia, en direction de Porto Venere (2,50 €, 30 minutes).

**Lerici et San Terenzo** Des bus partent toutes les 30 minutes à 1 heure de la gare ferroviaire de La Spezia (2,50 €, 35 minutes environ).

## Voiture et moto

Les véhicules privés sont interdits dans les villages ; les jours de forte affluence, les routes entre les villages sont parfois fermées. Si vous êtes en voiture ou à moto, vous devrez stationner dans les parkings prévus à cet effet, payants et souvent complets. Dans certains villages, des minibus assurent la navette depuis le parking.

# Infos pratiques

## Argent

- On trouve partout des distributeurs automatiques de billets (*bancomat*).
- *A priori*, tous les hôtels de catégories moyenne et supérieure, les restaurants et les magasins d'une certaine taille acceptent les cartes bancaires.

## Cartes de réduction

- La **Card Musei** (p. 37) permet d'accéder à plus de 20 musées de Gênes.
- La **Cinque Terre Card** (p. 92) donne accès aux sentiers de randonnée et aux bus électriques des villages. La carte valable 1/2 jours coûte 7,50/14,50 €. En incluant en plus l'accès illimité aux trains desservant les villages des Cinque Terre, elle coûte 16/29 €.

## Désagréments et dangers

- Les pickpockets sont nombreux dans les lieux touristiques et sur les quais de gare bondés, surtout dans les gares des Cinque Terre.
- Certains *caruggi* (ruelles) de Gênes peuvent sembler peu sûrs, surtout le soir. Soyez sur vos gardes dans les zones situées à l'ouest de la Via San Luca et au sud de la Piazza Banchi, où se concentrent la prostitution et les vices qui l'accompagnent.
- Attention aux forts courants marins et aux méduses.

## Électricité

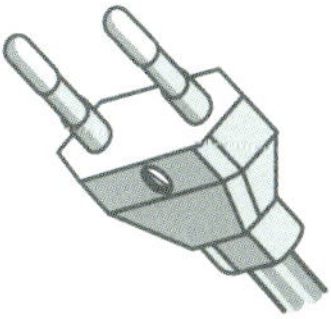

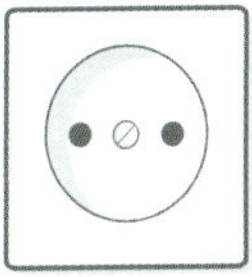

Type C
220 V/50 Hz

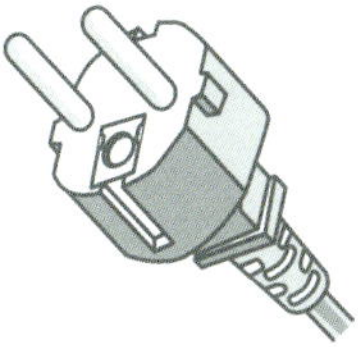

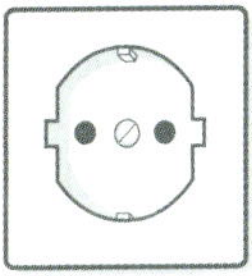

Type F
230 V/50 Hz

### Pas d'impair !

**Salutations** Pour saluer les gens dans les magasins, bars et restaurants, utilisez "*buongiorno*" en début de journée et "*buonasera*" en fin de journée. À des amis, on fait la bise et on dit "*come stai*" (comment ça va ?).

**Demander de l'aide** Dites "*mi scusi*" ("excusez-moi") pour attirer l'attention de quelqu'un, "*permesso*" ("avec votre permission") pour demander à quelqu'un de vous laisser passer.

**Tenue** Dans les églises, couvrez épaules, torse et cuisses. On s'habille élégamment pour dîner au restaurant.

**À table** Les pâtes se mangent avec une fourchette seulement, sans cuillère. On peut manger les pizzas avec les doigts

## Formalités et visas

- Les ressortissants de l'Union européenne n'ont pas besoin de visa pour entrer en Italie. Les Français, les Belges et les Suisses doivent être en possession d'une carte d'identité ou d'un passeport en cours de validité. Une pièce d'identité est également requise pour les enfants mineurs (y compris pour les bébés).
- Les Canadiens n'ont pas besoin de visa pour un séjour touristique inférieur à 90 jours. Ils devront présenter un passeport en cours de validité.
- Assurez-vous que votre passeport est valide au moins six mois après la date de votre départ d'Italie.

## Handicapés

- Les rues pavées et les pentes abruptes rendent difficile la circulation en fauteuil roulant. De nombreux bâtiments ne sont pas équipés d'ascenseurs.
- Le site de **Trenitalia** (www.rfi.it/rfi-en/For-persons-with-disability) répertorie les gares accessibles.
- Le **site officiel du tourisme italien** (www.italia.it) fournit un certain nombre de

liens à destination des voyageurs handicapés.

- **Accessible Italy** (www.accessibleitaly.com) est une excellente agence basée à Saint-Marin, spécialisée dans les voyages à destination des personnes handicapées.
- En France, l'**APF France Handicap** (siège national ☎01 40 78 69 00 ; www.apf-francehandicap.org ; 17, bd Auguste-Blanqui, 75013 Paris) pourra vous fournir des informations utiles sur les voyages accessibles. **Yanous** (www.yanous.com), **Hizy** (hizy.org), **Handicap.fr** (www.handicap.fr) et **Tourisme et Handicaps** (www.tourisme-handicaps.org) constituent également de bonnes sources d'information.
- Désormais, les principales plateformes d'hébergement que sont **Abritel** (www.abritel.fr), **Airbnb** (www.airbnb.fr), **Booking** (www.booking.com) et **Hotels.com** (fr.hotels.com) ont intégré des critères d'accessibilité à leur moteur de recherche. **Mobee Travel** (www.mobeetravel.com) est une start-up qui regroupe des hébergements accessibles et qui propose aussi des séjours sur mesure. Plus modeste, **Wilengo** (www.wilengo.com) fonctionne sur le modèle d'Airbnb. Les agences de voyages **Yoola** (www.yoola.fr) et **Comptoir des Voyages** (www.comptoir.fr) organisent des voyages adaptés aux personnes à mobilité réduite.

## Heures d'ouverture

Les horaires varient au fil de l'année. Nous indiquons ici ceux de la haute saison ; ils sont généralement réduits le reste du temps. Sauf mention contraire, les horaires d'été sont en vigueur d'avril à septembre, et ceux d'hiver d'octobre à mars.

**Banques** 8h30-13h30 et 14h45-16h30 lun-ven

**Bars et cafés** 7h30-20h, parfois jusqu'à 1h

**Restaurants** 12h-15h et 19h30-22h

**Magasins** 9h-13h et 15h30-19h30 lun-sam

## Homosexualité

**Gay.it** (www.gay.it). Site d'actualités, d'articles de fond et de potins LGBT+.

**Pride** (www.prideonline.it). Culture, politique, voyages et santé d'un point de vue LGBT+.

## Jours fériés

La majorité des Italiens prennent leurs vacances en août, en particulier aux alentours du 15 août, que l'on appelle ici Ferragosto. De nombreux commerces ferment au moins une partie du mois. La Settimana Santa (Semaine sainte), qui précède Pâques, est également une période de vacances privilégiée en Italie.

Voici les jours fériés nationaux :

**Jour de l'An** (Capodanno) 1er janvier

**Épiphanie** (Epifania) 6 janvier

**Lundi de Pâques** (Pasquetta) Mars/avril

**Jour de la Libération** (Giorno della Liberazione) 25 avril

**Fête du Travail** (Festa del Lavoro) 1er mai

**Fête de la République** (Festa della Repubblica) 2 juin

**Assomption** (Assunzione ou Ferragosto) 15 août

**Toussaint** (Ognissanti) 1er novembre

**Immaculée Conception** (Immaculata Concezione) 8 décembre

**Noël** (Natale) 25 décembre

**Saint-Étienne** (Festa di Santo Stefano) 26 décembre

## Offices du tourisme

Il y a des offices du tourisme dans les principaux villages de la côte.

- À Gênes, les offices du tourisme sont à l'aéroport et dans le **centre historique** (☎010 557 29 03 ; www.visitgenoa.it ; Via Garibaldi 12r ; 🕘9h-18h20).
- On trouve des renseignements sur les Cinque Terre sur www.cinqueterre.it et www.cinqueterre.com. Chaque gare des Cinque Terre possède son office du tourisme.
- L'office du tourisme régional possède un site Internet utile : www.lamialiguria.it.

## Téléphone

### Appels nationaux et internationaux

- Pour appeler l'Italie depuis l'étranger, composez le code d'accès en vigueur dans votre pays (☎00 en France, en Belgique et en Suisse, ☎011 au Canada), suivi du ☎39 (l'indicatif de l'Italie) et du numéro entier (avec le 0 qui le précède).
- D'Italie, pour téléphoner à l'étranger, faites le ☎00, puis l'indicatif du pays (☎33 pour la France, ☎32 pour la Belgique, ☎41 pour la Suisse et ☎1 pour le Canada) et le numéro de votre correspondant, sans l'éventuel 0 initial.

### Téléphones portables

- Les numéros de portables possèdent un indicatif à trois chiffres commençant par ☎3.
- L'Italie utilise le réseau GSM 900/1800, compatible avec le réseau français – et européen en général –, mais pas avec celui d'Amérique du Nord.
- Les voyageurs européens peuvent utiliser leur forfait en Italie, sans surcoût. Les autres se renseigneront sur les frais d'itinérance

## Toilettes

- Musées, grands magasins et gares disposent de toilettes. Si vous utilisez celles d'un bar ou d'un café, il est poli de consommer.
- Les toilettes publiques sont parfois payantes (0,50-1 €).

## Urgences

**Numéro d'appel d'urgence européen** ☎112

**Police de Gênes** ☎010 5 36 61 ; Via Armando Diaz 2

# Langue

Les dialectes restent des piliers de l'identité régionale dans une grande partie de l'Italie, mais vous vous ferez comprendre sans encombre n'importe où dans le pays si vous utilisez l'italien standard, qui est la référence dans ce chapitre.

L'italien oral ne présente pas de grosses difficultés car, à l'exception du "r" roulé, tous les sons existent en français et toutes les lettres écrites se prononcent, y compris les doubles consonnes. Le seul problème concerne l'accent tonique, dont la position varie. Dans ce chapitre, nous indiquons en italique la syllabe accentuée.

Consultez notre site pour vous renseigner sur les guides de conversation en italien que nous proposons : www.lonelyplanet.fr. L'application d'aide à la conversation Lonely Planet pour iPhones est disponible sur l'App store.

### Pour aller plus loin

Indispensable pour mieux communiquer sur place : le *Guide de conversation Italien* de Lonely Planet. Pour réserver une chambre, lire un menu ou faire connaissance, ce manuel permet d'acquérir des rudiments d'italien. Inclus : un minidictionnaire bilingue.

## Basiques

**Bonjour.** *Buongiorno.* bwonn·*djor*·no

**Au revoir.** *Arrivederci.* a·ri·vé·*dèr*·tchi

**Comment allez-vous/vas-tu ?** (pol/fam)
*Come sta/stai?* *ko*·mé sta/staille

**Bien. Et vous/toi ?** (pol/fam)
*Bene. E lei/tu?* *bè*·né é leille/tou

**S'il vous plaît.**
*Per favore.* pér fa·*vo*·ré

**Merci (beaucoup).**
*Grazie (mille).* *gra*·tsyé (*mil*·lé)

**Excusez-moi.**
*Mi scusi.* mi *skou*·zi

**Désolé.**
*Mi dispiace.* mi di·*spya*·tché

**Oui./Non.**
*Sì./No.* si/no

**Je ne comprends pas.**
*Non capisco.* nonn ka·*pi*·sko

**Parlez-vous/Parles-tu français/ anglais ?** (pol/fam)
*Parla/Parli francese/inglese?*
*par*·la/*par*·li frann·*tchè*·zé/inn·*glè*·zé

## Manger et boire

**Je voudrais...** *Vorrei...* vor·*reille*
- **un café** *un caffè* ounn kaf·*fè*
- **une table** *un tavolo* ounn *ta*·vo·lo
- **le menu** *il menù* il mé·*nou*
- **deux bières** *due birre* *dou*·é *bir*·ré

**Que me conseillez-vous ?**
*Cosa mi consiglia?* *ko*·za mi konn·*si*·lya

**C'était délicieux !**
*Era squisito!* *è*·ra skwi·*zi*·to

**Santé !**
*Salute!* sa·*lou*·té

**Pouvez-vous m'apporter l'addition, s'il vous plaît ?**
*Mi porta il conto, per favore?* — mi *por*·ta il *konn*·to pér fa·*vo*·ré

## Achats

**Je voudrais acheter...**
*Vorrei comprare...* — vor·*reille* komm·*pra*·ré

**Je regarde simplement.**
*Sto solo guardando.* — sto *so*·lo gwar·*dann*·do

**Combien ça coûte ?**
*Quanto costa questo?* — *kwann*·to *kos*·ta *kwè*·sto

**C'est trop cher.**
*È troppo caro/cara.* (m/f) — è *trop*·po *ka*·ro/*ka*·ra

## Urgences

**Au secours !**
*Aiuto!* — a·*you*·to

**Appelez la police !**
*Chiami la polizia!* — *kya*·mi la po·li·*tsi*·a

**Appelez un médecin !**
*Chiami un medico!* — *kya*·mi ounn *mè*·di·ko

**Je suis malade.**
*Mi sento male.* — mi *sènn*·to *ma*·lé

**Je suis perdu(e).**
*Mi sono perso/persa.* (m/f) — mi *so*·no *pèr*·so/*pèr*·sa

**Où sont les toilettes ?**
*Dove sono i gabinetti?* — *do*·vé *so*·no i ga·bi·*nèt*·ti

## Heure et nombres

**Quelle heure est-il ?**
*Che ora è?* — ké *o*·ra è

**Il est (2h).**
*Sono le (due).* — *so*·no lé (*dou*·é)

| | | |
|---|---|---|
| **matin** | *mattina* | mat·*ti*·na |
| **après-midi** | *pomeriggio* | po·mé·*ri*·djo |
| **soir** | *sera* | *sè*·ra |
| **hier** | *ieri* | *yè*·ri |
| **aujourd'hui** | *oggi* | *o*·dji |
| **demain** | *domani* | do·*ma*·ni |

| | | |
|---|---|---|
| **1** | *uno* | *ou*·no |
| **2** | *due* | *dou*·é |
| **3** | *tre* | *tré* |
| **4** | *quattro* | *kwat*·tro |
| **5** | *cinque* | *tchinn*·kwé |
| **6** | *sei* | seille |
| **7** | *sette* | *sè*·té |
| **8** | *otto* | *ot*·to |
| **9** | *nove* | *no*·vé |
| **10** | *dieci* | *dyé*·tchi |
| **100** | *cento* | *tchènn*·to |
| **1000** | *mille* | *mil*·lé |

## Transports et directions

**Où est... ?**
*Dov'è...?* — do·*vè*

**Quelle est l'adresse ?**
*Qual'è l'indirizzo?* — kwa·*lè* linn·di·*ri*·tso

**Pouvez-vous me montrer (sur la carte) ?**
*Può mostrarmi (sulla pianta)?* — pwo mo·*strar*·mi (*soul*·la *pyann*·ta)

**À quelle heure part le... ?**
*A che ora parte...?* — a ké *o*·ra *par*·té

**S'arrête-t-il à... ?**
*Si ferma a...?* — si *fèr*·ma a

**Comment puis-je m'y rendre ?**
*Come ci si arriva?* — *ko*·mé tchi si ar·*ri*·va

| | | |
|---|---|---|
| **bus** | *autobus* | *aou*·to·bou·se |
| **billet** | *biglietto* | bi·*lyèt*·to |
| **horaire** | *orario* | o·*ra*·rio |
| **train** | *il treno* | *trè*·no |

# En coulisses

## Vos réactions ?

Vos commentaires nous sont très précieux pour améliorer nos guides. Notre équipe lit vos lettres avec la plus grande attention, et vos commentaires sont transmis aux auteurs concernés. Pour nous faire part de vos réactions et suggestions, consultez notre site Web : **www.lonelyplanet.fr**.

Nous reprenons parfois des extraits de notre courrier pour les publier dans nos produits, guides ou sites Web. Si vous ne souhaitez pas que vos commentaires soient repris ou que votre nom apparaisse, merci de nous le préciser. Notre politique en matière de confidentialité est disponible sur notre site Internet.

## Un mot de l'auteur

Je témoigne toute ma reconnaissance aux nombreux Italiens et expatriés qui m'ont conseillé lors de mes recherches en Ligurie. Je remercie tout particulièrement Catherine Unger, Eugenio Bordoni et les employés d'Arbaspàa dans les Cinque Terre. Un grand merci à Cassandra et à nos deux filles Magdalena et Genevieve, qui m'ont accompagné dans cette grande aventure ligurienne.

## Crédits photographiques

Photographie de couverture : Manarola, Anna Om/Shutterstock ©

## À propos de cet ouvrage

Cette 1re édition du guide *Cinque Terre et Gênes en quelques jours* est une traduction-adaptation de la 1re édition du guide *Pocket Genoa & Cinque Terre* de Lonely Planet (en anglais), écrite par Regis St Louis.

Ce guide a été réalisé par :

**Traduction**
Thérèse de Chérisey, Julie Marcot, Pauline Tardieu-Collinet

**Direction éditoriale**
Didier Férat

**Coordination éditoriale**
Cécile Couet

**Responsable prépresse**
Jean-Noël Doan

**Maquette**
Sébastienne Ocampo

**Cartographie**
Eduardo Yanes-Blanch

**Couverture** Laure Wilmot

**Merci à** Jacqueline Menanteau

# Index

Voir aussi les index des rubriques :

Se restaurer p. 163
Prendre un verre p. 164
Sortir p. 164
Shopping p. 165



Référence des **sites**
Référence des **cartes**

Référence des **sites**
Référence des **cartes**

## Se restaurer

## Prendre un verre



## Sortir

## Shopping

# L'auteur

## Regis St Louis

Regis a grandi dans une petite ville du Midwest – là où naissent les envies d'ailleurs – et a rapidement pris goût aux langues et cultures étrangères. Durant sa scolarité, il a étudié le russe et diverses langues latines, un atout précieux pour ses voyages aux quatre coins du monde. Regis a cosigné plus de 50 guides Lonely Planet, couvrant ainsi six continents. Ses voyages l'ont conduit aussi bien dans les montagnes du Kamtchatka que dans des villages isolés d'îles mélanésiennes, ainsi que dans de nombreux paysages urbains. Lorsqu'il n'est pas sur les routes, il vit à La Nouvelle-Orléans. Suivez-le sur www.instagram.com/regisstlouis.

**Cinqueterre et Gênes en quelques jours**
1re édition

Traduit et adapté de l'ouvrage *Pocket Genoa & Cinque Terre, 1st Edition, February 2020*

© Lonely Planet Global Limited 2020
© Lonely Planet et Édi8 2020
92 avenue de France, 75013 Paris

Photographes © comme indiqué 2020
Dépôt légal Mars 2020
ISBN 978-2-81618-590-4

Imprimé par Estimprim, Autechaux, France
Réimpression 05, janvier 2023

Bien que les auteurs et Lonely Planet aient préparé ce guide avec tout le soin nécessaire, nous ne pouvons garantir l'exhaustivité ni l'exactitude du contenu. Lonely Planet ne pourra être tenu responsable des dommages que pourraient subir les personnes utilisant cet ouvrage.

En Voyage Éditions | un département édi8

Tous droits de traduction ou d'adaptation, même partiels, réservés pour tous pays. Aucune partie de ce livre ne peut être copiée, enregistrée dans un système de recherches documentaires ou de base de données, transmise sous quelque forme que ce soit, par des moyens audiovisuels, électroniques ou mécaniques, achetée, louée ou prêtée sans l'autorisation écrite de l'éditeur, à l'exception de brefs extraits utilisés dans le cadre d'une étude.

Lonely Planet et le logo de Lonely Planet sont des marques déposées de Lonely Planet Global Limited.

Lonely Planet n'a cédé aucun droit d'utilisation commerciale de son nom ou de son logo à quiconque, ni hôtel ni restaurant ni boutique ni agence de voyages. En cas d'utilisation frauduleuse, merci de nous en informer : www.lonelyplanet.fr